体育运动

壁球 高尔夫球
BIQIU　GAO'ERFUQIU

主编 吴海宽　兴树森
　　　崔大勇　张　瑜

走进**大自然**
走到**阳光**下
养成**体育锻炼**
好习惯

吉林出版集团股份有限公司　全国百佳图书出版单位

图书在版编目(CIP)数据

壁球 高尔夫球 / 吴海宽等主编.—长春：吉林出版集团股份有限公司, 2011.6（2024.1 重印）
ISBN 978-7-5463-5710-2

Ⅰ. ①壁… Ⅱ. ①吴… Ⅲ. ①球类运动—青年读物 Ⅳ. ①G84-49

中国版本图书馆 CIP 数据核字(2011)第 117608 号

壁球 高尔夫球

主编	吴海宽　兴树森　崔大勇　张瑜
责任编辑	息望　杜琳
出版发行	吉林出版集团股份有限公司
印刷	三河市同力彩印有限公司
版次	2011 年 7 月第 1 版　2024 年 1 月第 8 次印刷
开本	787mm×1092mm　1/16　印张 10　字数 100 千
地址	吉林省长春市福祉大路 5788 号　邮编 130000
电话	0431-81629968
电子邮箱	11915286@qq.com
书号	ISBN 978-7-5463-5710-2
定价	45.80 元

版权所有　翻印必究
如有印装质量问题，请寄本社退换

《体育运动》编委会

主　　任　宛祝平
编　　委　支二林　方志军　王宇峰　王晓磊　冯晓杰
　　　　　田云平　兴树森　刘云发　刘延军　孙建华
　　　　　曲跃年　吴海宽　张　强　张少伟　张铁民
　　　　　李　刚　李伟亮　李志坚　杨雨龙　杨柏林
　　　　　苏晓明　邹　宁　陈　刚　岳　言　郑风家
　　　　　宫本庄　赵权忠　赵利明　赵锦锦　潘永兴

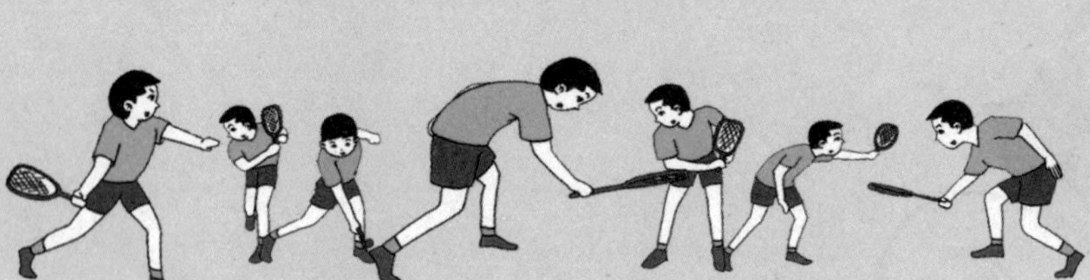

目录 CONTENTS

壁球

第一章 运动保护
第一节 生理卫生..................2
第二节 运动前准备..................3
第三节 运动后放松..................9
第四节 恢复养护..................11

第二章 壁球概述
第一节 起源与发展..................14
第二节 特点与价值..................16

第三章 壁球场地、器材和装备
第一节 场地..................20
第二节 器材..................24
第三节 装备..................26

第四章 壁球基本技术
第一节 基本姿势..................30
第二节 基本击球动作..................33
第三节 击球方式..................36
第四节 击球方法..................42
第五节 发球..................47
第六节 接发球..................52

目录 CONTENTS

  第七节 移动.....................56
第五章 壁球基础战术
  第一节 单打战术.................62
  第二节 双打战术.................68
第六章 壁球比赛规则
  第一节 程序.....................76
  第二节 裁判.....................77

高尔夫球

第七章 高尔夫球概述
  第一节 起源与发展...............84
  第二节 特点与价值...............85
第八章 高尔夫球场地、器材和装备
  第一节 场地.....................90
  第二节 器材.....................92
  第三节 装备.....................94
第九章 高尔夫球基本技术
  第一节 握杆.....................98
  第二节 准备击球姿势.............101
  第三节 瞄球....................104

目录 CONTENTS

 第四节 挥杆击球......104
 第五节 切高球......108
 第六节 切低球......110
 第七节 沙坑球......113
 第八节 特殊击球技巧......116
 第九节 推杆......121

第十章 高尔夫球基础战术
 第一节 战术思想......124
 第二节 战术原则......125

第十一章 高尔夫球比赛规则
 第一节 程序......128
 第二节 裁判......129

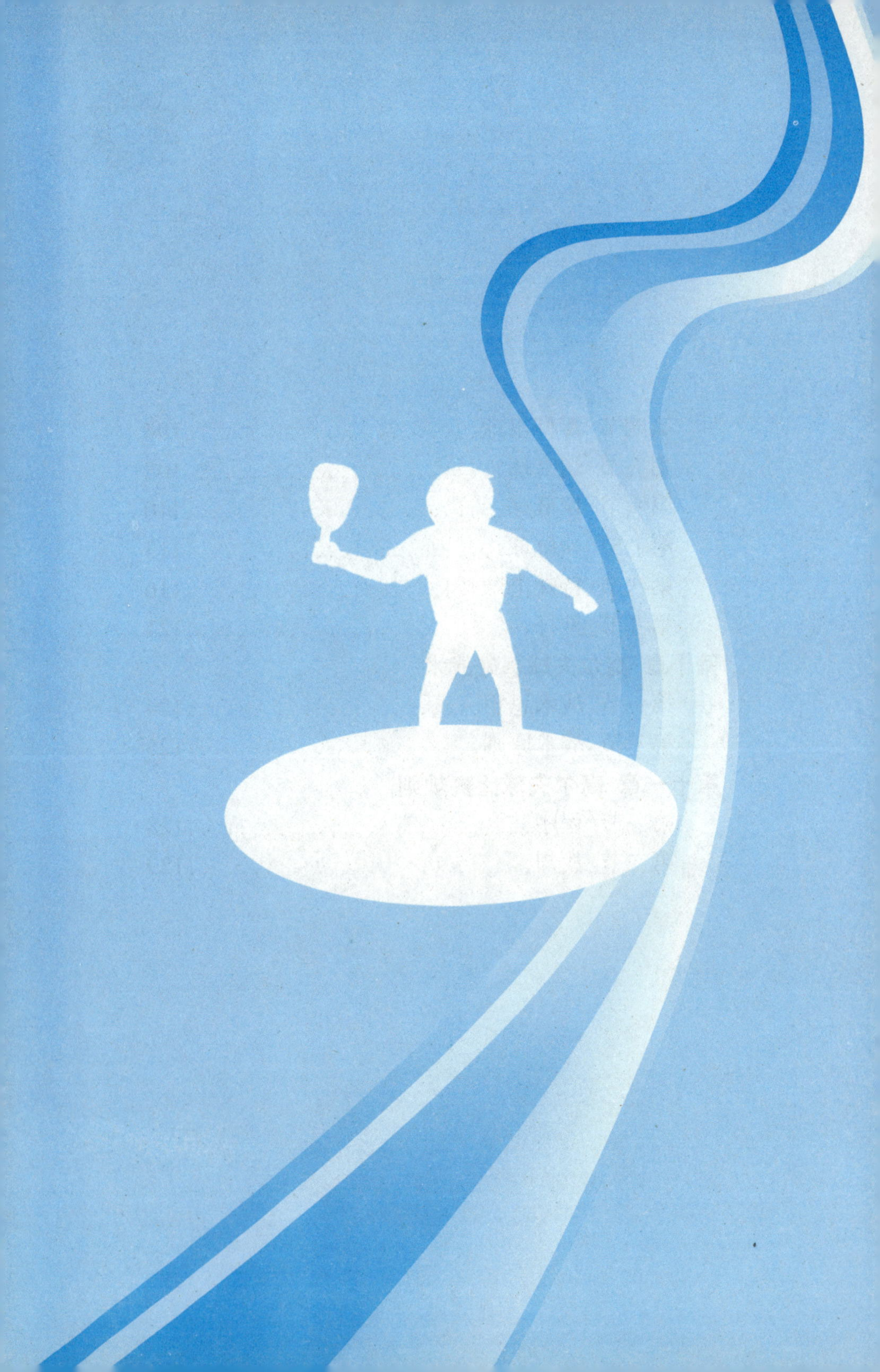

壁球

第一章 运动保护

"生命在于运动",但是盲目、不科学的运动非但不能起到强身健体的作用,反而会给身体带来一定的伤害。只有掌握体育锻炼的一般性生理卫生知识,科学地进行体育锻炼,才能起到健身强体的作用。

第一节 生理卫生

青少年在进行体育运动时，除了应进行一般性的身体检查和必要的咨询外，还要注意培养运动兴趣和把握适当的运动强度。

一、培养运动兴趣

在进行体育运动前，必须培养自己对体育运动的兴趣。培养对体育运动的兴趣方法有很多，如观看体育比赛，与同学、朋友进行体育比赛等。有了浓厚的兴趣，就能自觉地投入体育运动之中，从而达到理想的体育锻炼效果。

二、把握运动强度

因为青少年进行体育运动，主要是在享受运动的过程中增强体质，提高健康水平，而不仅是为了创造运动成绩，所以运动强度不宜过大。控制运动强度最简单的办法是测定运动时的脉搏。对青少年来说，运动时的脉搏控制在每分钟140次左右较为合适。

第二节 运动前准备

运动前进行充分的准备活动,对于青少年来说是非常重要的。一些青少年体育运动爱好者,常常不重视运动前的准备活动,导致各种运动损伤,影响运动效果,也容易失去对体育运动的兴趣,甚至产生对体育运动的畏惧心理。因此,青少年在进行体育运动前,必须做好充分的准备活动。

一、准备活动的作用

运动前做好充分的准备活动能够对肌肉、内脏器官起很大的保护作用,同时还可以提前调节运动时的心理状态。

(一)提高肌肉温度,预防运动损伤

运动前进行一定强度的准备活动,不仅可以使肌肉的代谢过程加强,温度增高,黏滞性下降,提高肌肉的收缩和舒张速度,增强肌力,同时还可以增加肌肉、韧带的弹性和伸展性,减少由于肌肉剧烈收缩而造成的运动损伤。

(二)提高内脏器官的功能水平

内脏器官的功能特点之一就是生理惰性较大,即当活动开始、肌肉发挥最大功能水平时,内脏器官并不能立刻进入

最佳活动状态。

(三)调节心理状态

青少年进行体育锻炼不仅是身体活动,同时也是心理活动。研究证明,心理活动在体育锻炼中起着非常重要的作用。体育锻炼前的准备活动,可以起到心理调节的作用,即接通各运动中枢间的神经联系,使大脑皮层处于最佳兴奋状态。

二、如何进行准备活动

一般来说,准备活动主要应考虑内容、时间和运动量等问题。

(一)内容

准备活动可分为一般准备活动和专项准备活动。一般准备活动主要是一些全身性的身体练习,如跑步、踢腿、弯腰等作用在于提高整体的代谢水平和大脑皮层的兴奋状态,减少运动损伤的发生。专项准备活动是指与所从事的体育锻炼内容相适应的动作练习。

下面介绍一套一般准备活动操,供青少年运动前使用。这套活动操主要包括头部运动、肩部运动、扩胸运动、体侧运动、体转运动、髋部运动和踢腿运动等。

1. 头部运动

头部运动的动作方法(见图1-2-1)是：

两手叉腰，两脚左右开立，做头部向前、向后、向左、向右以及绕环运动。

2. 肩部运动

肩部运动的动作方法(见图1-2-2)是：

手扶肩部，屈臂向前、向后绕环以及直臂绕环。

3. 扩胸运动

扩胸运动的动作方法(见图1-2-3)是：

屈臂向后振动及直臂向后振动。

4. 体侧运动

体侧运动的动作方法(见图1-2-4)是：

两脚左右开立，一手叉腰，另一臂上举并随上体侧屈而摆动。

5. 体转运动

体转运动的动作方法(见图1-2-5)是：

两脚左右开立，两臂体前屈，身体向左、向右有节奏地扭转。

6. 髋部运动

髋部运动的动作方法(见图1-2-6)是：

两脚左右开立，两手叉腰，髋关节放松，向左、向右各做360°旋转。

7. 踢腿运动

踢腿运动的动作方法(见图1-2-7)是：

两臂上举后振，同时一腿向后半步，然后两臂下摆后振，同时向前上方踢腿。

图 1-2-1

图 1-2-2

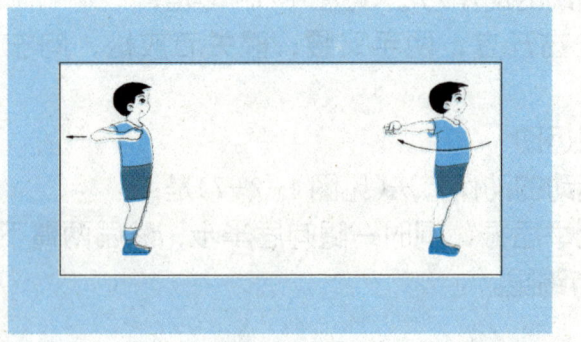

图 1-2-3

YUNDONG BAOHU 运动保护

图 1-2-4

图 1-2-5

图 1-2-6

图 1-2-7

(二)时间和运动量

准备活动的时间和运动量随体育锻炼的内容和量而定,由于以健身为目的的体育运动量较小,因此准备活动的量也相对较小,时间也不宜过长,否则,还未进行体育锻炼身体就疲劳了。半小时的体育锻炼,准备活动时间一般以 10 分钟左右为宜。

第三节 运动后放松

进行剧烈的体育运动后,有些青少年习惯坐在地上,或是直接躺下来休息,认为这样可以快速消除疲劳。其实不然,这样做的结果不仅不能尽快地恢复身体功能,反而会对身体产生不良影响,正确的做法应该是运动后做一些整理活动,放松身体。

一、运动后整理活动的必要性

运动后的整理活动不但可以避免头晕等症状,还可以有效地消除疲劳。

(一)避免头晕

人体在停止运动后,如果停下来不动,或是坐下来休息,静脉血管失去了骨骼肌的节律性收缩,血液会由于受重力作用滞留在下肢静脉血管中,导致回心血量减少,心血输出量下降,造成暂时性脑缺血,出现头晕、眼前发黑等一系列症状,严重者甚至会出现休克。为了避免这些症状的发生,整理活动是非常必要的。

(二)消除疲劳

除了避免头晕等症状的发生,运动后的整理活动还可以改善血液循环状态,达到快速消除疲劳的目的。

二、放松方法

在运动后放松时,应注意以下几个问题:

(1)做一些放松跑、放松走等形式的下肢运动,促进下肢静脉血的回流,防止体育锻炼后心血输出量的过度下降;

(2)在下肢活动后进行上肢整理活动,右臂活动后做左臂的整理活动,通过这种积极性休息,使身体功能得到尽快恢复;

(3)整理活动的量不要过大,否则整理活动又会引起新的疲劳;

(4)在进行整理活动时,应当保持心情舒畅、精神愉快的感觉。

第四节 恢复养护

　　人体在运动后，除采用休息和积极性体育手段加速身体功能的恢复外，还可以根据体育运动的特点，补充不同的营养物质，以尽快消除疲劳。

　　体育运动结束后，人体内会产生一种叫作乳酸的酸性物质，它的积累会造成肌体的疲劳，使恢复时间延长。所以，我们在体育运动后，应多补充一些碱性食物，如蔬菜、水果等，而动物性蛋白等肉类食品偏"酸"，在运动后的当天可适当减少摄入。

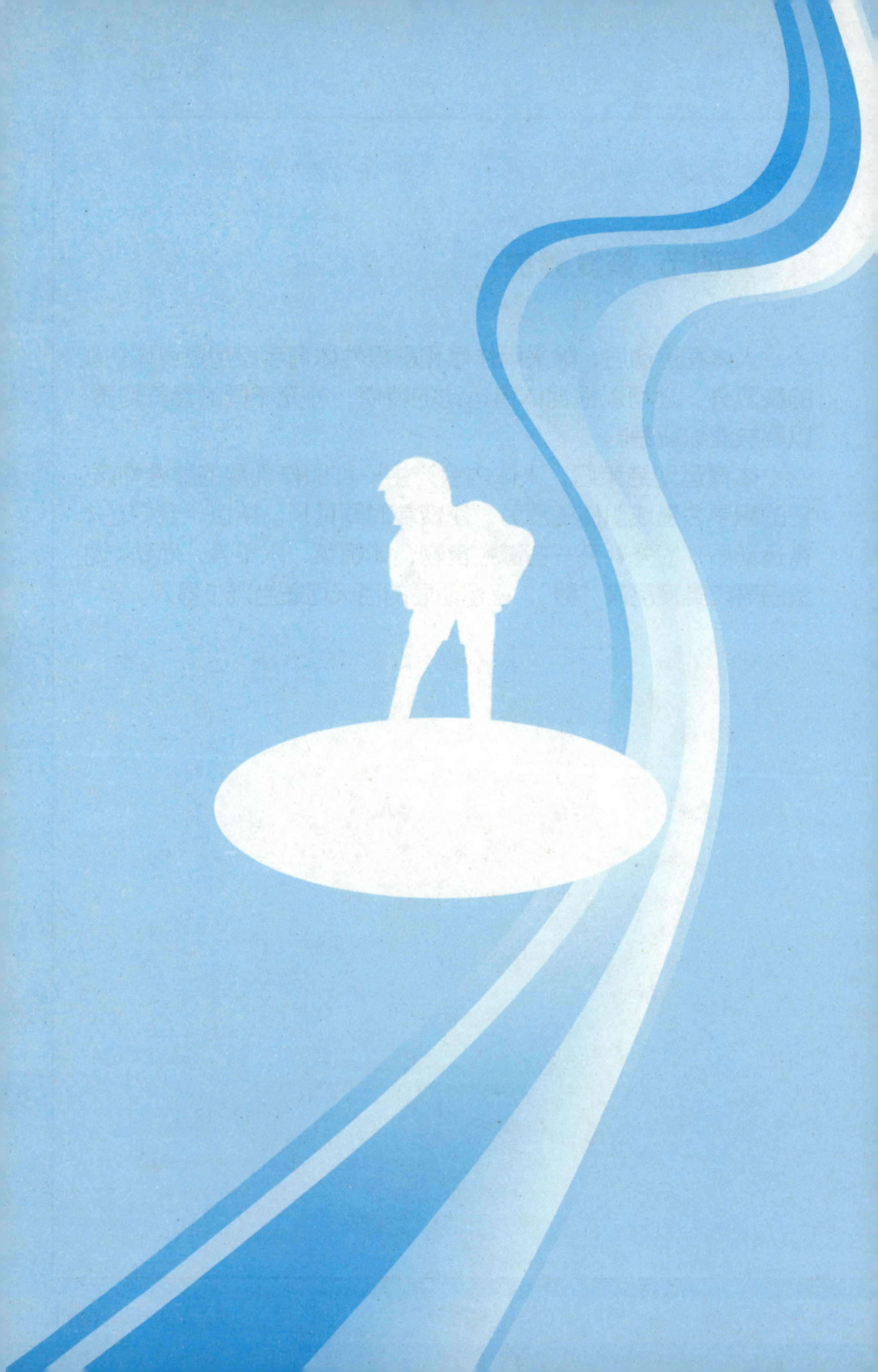

第二章 壁球概述

壁球运动诞生于 19 世纪初期的英国，经过长时间的演变、推广、普及和发展，到目前为止，已成为一项非常受欢迎的运动。壁球运动之所以能够获得如此大的关注和普及，与它的特点和价值是分不开的。

第一节 起源与发展

壁球于 19 世纪初起源于英国,在 20 世纪上半叶迅速向世界其他国家和地区推广,并进入不断地发展、提高和创新时期。

一、起源

19 世纪初,英国伦敦一所监狱的犯人,由于日常生活中没有其他的活动,就发明了一种在室内对着墙壁击球的游戏,这就是壁球运动的雏形。

1820 年,英国哈罗中学的学生秉承了这项运动,并在此基础上加以改进,他们给这项新运动起名为壁球。同年,世界上第一个壁球场建于哈罗中学。至此,壁球运动正式诞生。

二、发展

壁球具有很强的健身价值,是一种很好的休闲放松方式,深受人们的喜欢,所以这项运动也越来越普及。

(一)国际壁球运动

进入 20 世纪,壁球运动得到了广泛的开展,涌现出大批杰出的选手,技战术也有所革新。而且,壁球运动的权威管理机构——国际壁球联合会也诞生了。1992 年,国际壁球联合会更名为世界壁球联合会（简称 WSF）。时至今日，世界壁联已发展成一个庞大的组织严密、管理有序的组织。

截止到 1999 年，世界壁联共有正式成员 115 个，开展壁球运动的国家和地区达 135 个，全世界范围内经常从事壁球运动的人口约 1500 万，有标准球场近 5 万个。

目前，世界男子和世界女子壁球锦标赛每年都举办一次，世界团体壁球锦标赛每双数年举办一次，世界男女青年锦标赛每单数年举办一次。这些赛事的定期举办，吸引着越来越多的人加入壁球运动当中。

（二）中国壁球运动

香港是中国开展壁球运动最早的地区，目前，仅香港一地就有近 700 个壁球场，参加壁球运动的人数有 90 万之多，打壁球在当地已成为一项常见的时尚运动。

1999 年 4 月，在北京举办的首届全国壁球讲习班上，10 多个省市体委和体育单位选派了学员参加培训。同年 10 月，首届中国壁球公开赛在云南省昆明市举行。

1999 年，中国壁球公开赛成功举办，拉开了壁球运动在中国开展的序幕。相信不久的将来，壁球运动将获得更大的发展，得到越来越多人的喜爱。

第二节 特点与价值

壁球运动易于开展，强度适中，娱乐性强，对提高身体素质和发展心智都有着积极的作用，而且还有助于各国之间、人与人之间进行文化交流。

一、特点

(一)自娱性

多数用拍子击打的球类运动都是在赛场中间用网隔离的场地上进行的，但壁球运动与此不同，它是在一个四面有墙的房间里进行的。打壁球时，一个人可以对着墙壁，利用墙壁的反弹接击自己打出的球。这是壁球运动区别于其他拍类运动最显著的自娱性特点。

(二)场地灵活

壁球运动除了普通场地之外，还有一种四面墙壁都是用特殊玻璃制作的透明场地，观众可以从四周看到里面运动员的表演。

许多大型的国际壁球比赛是在临时搭建的世界著名建筑物前的场地上进行的，例如在埃及金字塔前。这样，观众既欣赏到了世界高水平的壁球比赛，同时又领略了世界名胜。

二、价值

(一)增强体质

经常参加壁球运动,有助于发展身体的灵活性和协调性,提高上下肢和躯干的活动能力,改善人体各系统的功能,从而起到增进健康、抗病防衰、调节精神的作用,达到增强体质的目的。

(二)培养意志

壁球运动具有强度大、对抗性强的特点,能够逐渐培养参与者的意志品质。一场势均力敌的壁球比赛,往往需要较长的时间。在长时间的大强度对抗中,坚强的意志品质显得尤为重要。

(三)陶冶情操

壁球运动中,一方需要经常揣测对方的战术意图,并对自己的战术运用做出选择。快速准确的思维是灵活运用和把握战机的关键。紧张的比赛和激烈的竞争,能够锻炼参与者的心理素质,铸就进取精神。

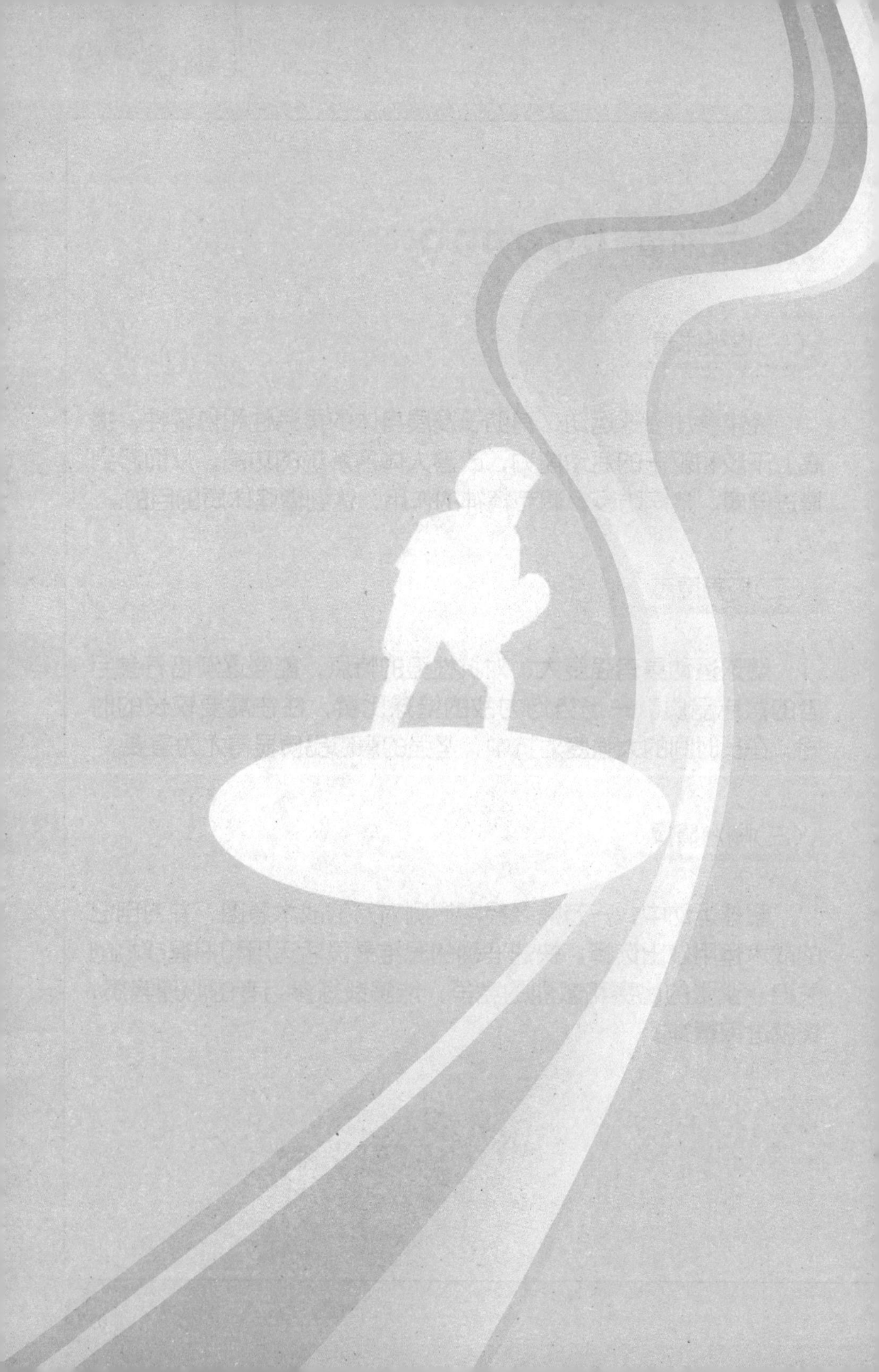

第三章 壁球场地、器材和装备

壁球可以一个人打，也可双人对打，具有很强的观赏性和娱乐性。这项运动对场地、器材和装备都有很高的要求。高质量的场地是壁球运动开展的前提，而良好的器材和装备是运动参与者发挥高水平的必要保证。

第一节 场地

壁球的场地是一个长方体的房间,分单打场地和双打场地,双打场地比单打场地要大。大多数壁球场地后面的墙是用玻璃制作的,以方便观众观看比赛。

一、规格

(1)单打场地长9.75米、宽6.4米、高5.64米(见图3-1-1);
(2)双打场地长13.72米、宽7.62米、高6.1米。

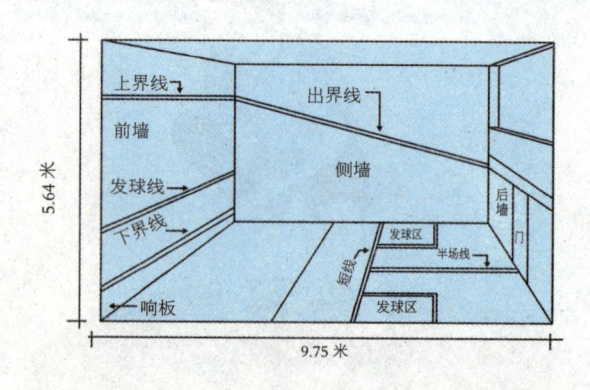

图3-1-1

二、设施

(一)墙

1. 材质

(1)墙身材料由特殊配方所组成,是一种专用壁球场的树脂基体合成灰料,能承受强大的压力和摩擦;

(2)后墙一般是用强化玻璃制作,厚度为0.012米,门的宽度不超过0.914米。

2. 界线

(1)前墙上有3条水平线,从上往下分别称为上界线、发球线和下界线(横木),下界线以下的部分称为"响板",通常由金属片或木板覆盖,以便球击打在上面时能发出特殊的声音;

(2)下界线的上沿到地面的高度为0.48米,发球线的下沿到地面的高度为1.78米,它只在发球时有用,上界线的下沿到地面的高度为4.57米;

(3)两边的侧墙各有一条线,称为出界线,它是上界线的延伸,斜下与后墙的出界线相交,后墙出界线的下沿到地面的高度为2.13米;

(4)出界线呈凹形,下界线做成凸形并带有斜坡,这样球一旦触到线就会马上改变方向(见图3-1-2)。

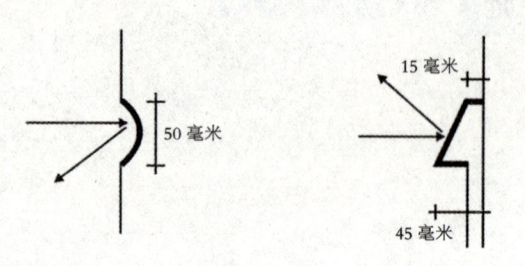

图 3-1-2

(二)地板

1. 材质

地板通常由木板或复合材料制成,具有一定弹性,下面需要铺设龙骨。

2. 地板线(见图 3-1-3)

(1)地板对角线长 11.665 米,距离后墙 4.26 米;

(2)中间一条线横穿过球场,称为"短线",其后沿距前墙 5.49 米;

(3)连接短线与后墙的中点的线,称为"半场线";

(4)短线与半场线交界的区域称为"T"区;

(5)在场地后部,由短线与半场线分割成的两个大长方形区域称为"后四分之一区";

(6)在短线两端,各有一个正方形的格子,称为"发球区",其内侧边长为 1.6 米;

（7）场地内（包括墙上）所有标志线的宽度均为 0.05 米；

（8）同"发球线"一样，地板上所有的线只在发球时有用，一旦对打开始，即被忽略掉。

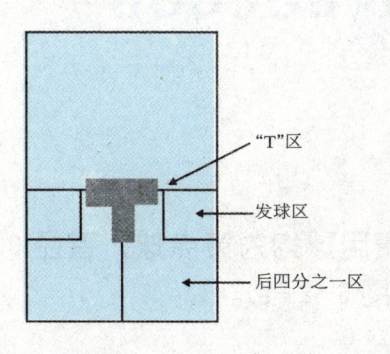

图 3-1-3

三、要求

（1）场地内要安装通风设备，位置最好是在前墙上界线与房顶之间，通风标准是每小时换气 4 次；

（2）场地内的灯必须配有灯罩，亮度不低于 500 勒克斯；

（3）场内温度应为 10℃～25℃，最佳温度为 15℃～20℃。

第二节 器材

从事壁球运动的器材主要为球和球拍。

一、球

（一）规格

正式比赛用球均为黄点球，直径39.5～41.5毫米，重量23～25克（见图3-2-1）。

（二）构造

（1）壁球是一个中空、表面是胶皮的小球，球的内部存有一点儿水，在使用前一般比较凉，击打片刻后会逐渐变热，球内的压力增加，这有利于球的运行；

（2）球的颜色一般是黑色，但在透明场地中常用白色球；

（3）球的表面上印有彩色的小点，标明球速，黄点代表极慢，白点代表慢，红点代表中速，蓝点代表快速；

（4）速度快的球弹性大，速度慢的球弹性小，初学者一般用蓝点球，因为较高的反弹会有更多的时间接住它，红点球的反弹力比蓝点球小，但也适合初学者。

图 3-2-1

二、球拍

(一) 规格

球拍(见图 3-2-1)最大长度为 686 毫米,拍面最大宽度为 215 毫米,球拍重量(包括弦和护边)不超过 255 克。

(二) 构造

(1) 球拍框架通常由石墨合成材料制成,其材料和着色应使球拍触墙后不留痕迹;

(2) 球弦及其末端必须隐蔽在拍头的框架内,如果由于球拍材质或设计方面的原因无法做到,必须用护垫封闭球弦;

(3) 护垫必须由软性材料制成,不能有尖锐的边沿,以免在与墙及地面接触时留下痕迹。

第三节 装备

壁球运动中有很多的步法和转体动作，这些动作对装备有较高的要求。装备主要包括服装、鞋和眼罩等。

一、服装

（1）壁球比赛通常要求运动员穿着白色或浅色的运动服；
（2）平时运动可以穿着较轻便的服装，如 T 恤衫、运动裤、短裙等。

二、鞋

（1）应选择品质较好的运动鞋，可防止身体和脚部受伤；
（2）不能穿黑色鞋底和鞋底上有硬物的鞋上场，以免在地板上划出痕迹，影响场地的使用（见图 3-3-1）。

图 3-3-1

三、眼罩

尽管壁球运动中受伤的可能性很小,但避免眼部受伤对每一个参与者来说都是至关重要的。正式的壁球比赛一般都要求运动员戴上符合国家标准的保护眼罩(见图3-3-2)。

图3-3-2

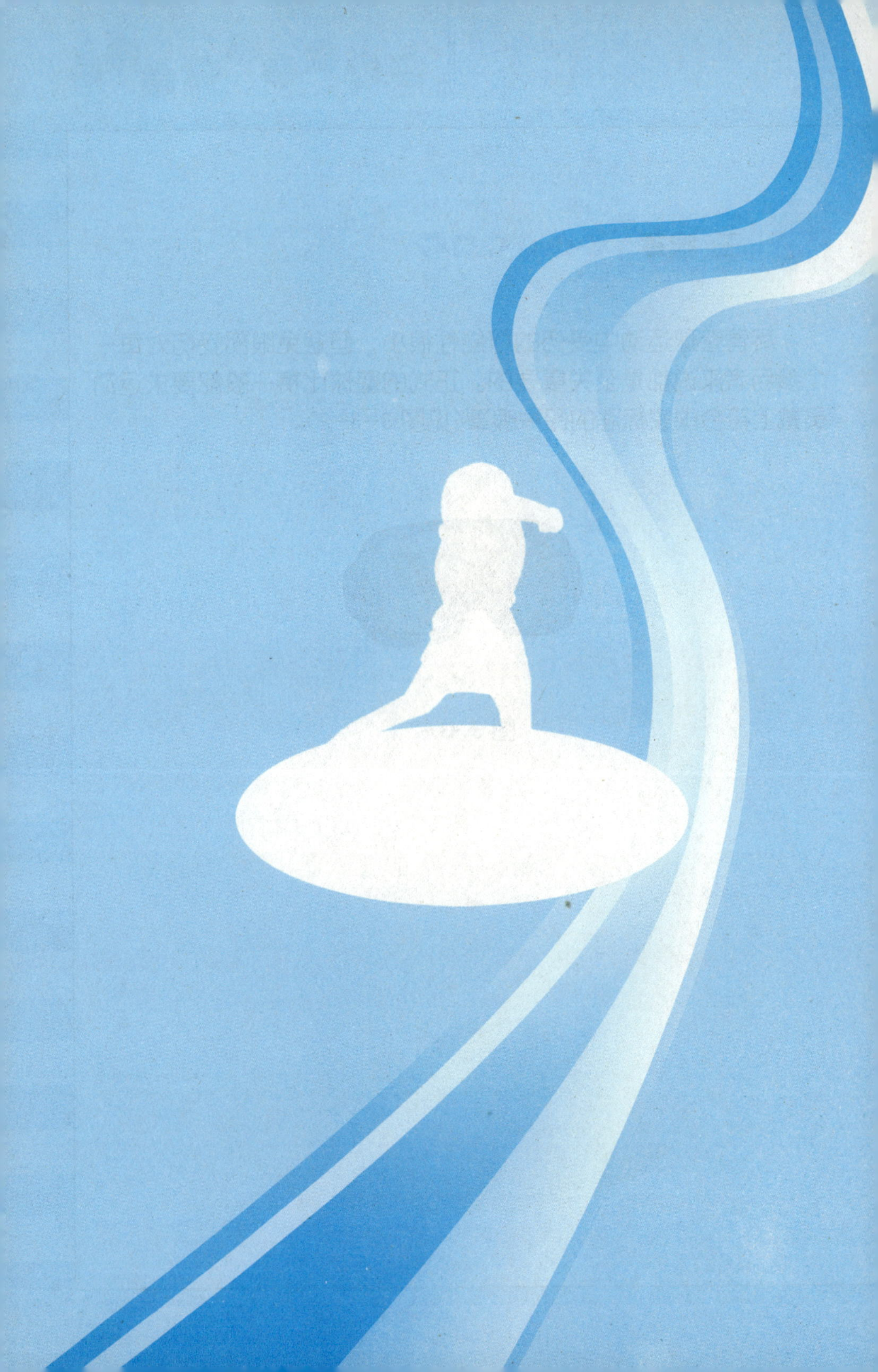

第四章 壁球基本技术

　　壁球是一项在用墙壁围起的场地内,按照一定规则,用拍子互相击打对方击在墙壁上的反弹球或一个人对着墙壁,利用墙的反弹接打自己打出的球的体育运动。这些看似简单,但要达到比赛或熟练掌握的程度,需要经过严格的训练和掌握一定的动作技术。基本技术包括基本姿势、基本击球动作、击球方式、击球方法、发球、接发球和移动等。

第一节 基本姿势

掌握壁球的基本技术,应该从基本姿势开始。基本姿势包括握拍、基本站立和基本站位等。

一、握拍

握拍的动作方法(见图 4-1-1)是:
(1)手握在拍柄的中部,虎口呈"V"字形;
(2)虎口对着球拍拍柄的上沿,食指高于拇指,拍形略后仰;
(3)避免像握锤子那样满把抓拍。

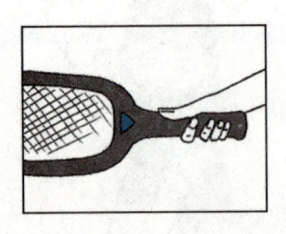

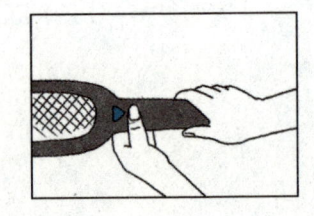

图 4-1-1

二、基本站立

基本站立的动作方法(见图4-1-2)是：

(1)两脚自然开立，约与肩同宽，两膝略屈，重心放在两个前脚掌上；

(2)上体略前倾，两手持拍置于腹前，右手采取正手握拍方法；

(3)目视对方及球路，判断其击球意图，预测来球方向及力量；

(4)两脚也可不停地轻微跳动，使身体重心随时可向任何方向起动。

图4-1-2

三、基本站位

基本站位的动作方法(见图 4-1-3)是：

(1)单打击球时，一般站在接发球线与后壁之间，也可靠前一些；

(2)设法使自己占据这个位置，同时把对方挤出去。

图 4-1-3

第二节 基本击球动作

基本击球动作是壁球基本技术的重点，合理的击球动作是打出理想球的保证。基本击球动作包括引拍、击球和跟进。

一、引拍

引拍是击球前的预摆动作，动作方法（见图4-2-1）是：

(1)握拍的手腕要固定并竖起，使拍头高于手腕；

(2)向上引拍时，手的位置应在击球者耳的一侧，拍头位置应在击球者头的上部；

(3)手臂动作幅度不能太大，以挥动前臂为主；

(4)检查引拍动作是否过大的方法是，站在离墙45厘米处背对墙，向后引拍，如果球拍没有碰到墙就是正确的引拍姿势。

图4-2-1

二、击球

击球是球拍接触球的击打动作,动作方法(见图4-2-2)是:

(1)击球时,球拍迎向来球划一弧线;

(2)触球时,手腕固定,握紧球拍,拍面略向后仰,用拍面的中部撞击球;

(3)前臂和腰部随身体的转动向前方协调配合用力,身体重心从后脚移至前脚;

(4)击球时要选择好击球点和击球部位,不同的击球方法需要有不同的击球点和击球部位。

图4-2-2

三、跟进

跟进是球拍击球完成后球拍的顺势动作,它在击球动作结构中是必不可少的,可以控制击球的方向,动作方法(见图4-2-3)是:

(1)击球后球拍运行不能立即停止,应随击球动作的惯性继续向上挥动;

(2)跟进的动作幅度不能太大,球拍向上挥动的位置应在头的上方。

图 4-2-3

第三节 击球方式

根据来球的方向不同要选择不同的击球方式,击球方式包括正手击球和反手击球。

一、正手击球

正手击球是初学者最先学习的击球动作,是击打各种球的基础,也是主要的得分手段,特点是速度快、力量大、准确性强。正手击球包括准备姿势、上步引拍、挥臂击球和进移重心等步骤。

(一)准备姿势

准备姿势的动作方法(见图4-3-1)是:
(1)球员站在"T"区,面向前墙,两脚开立略宽于肩,双膝略屈;
(2)上体略前倾,一手握拍放于体前,另一手可扶于拍上;
(3)身体重心落在两脚掌的前部,集中注意力,保持随时可以起动的状态。

图 4-3-1

（二）上步引拍

以右手持拍为例，上步引拍的动作方法（见图 4-3-2）是：

（1）从准备姿势开始，移动到来球位置，最后一步要保持左脚在前，右脚在后，前后脚的距离为一脚半；

（2）身体左侧朝向来球方向，双膝略屈，注视来球；
（3）然后向头的右上方引拍，动作不要过大。

图 4-3-2

(三)挥臂击球

挥臂击球的动作方法(见图4-3-3)是:

(1)球拍的拍面要"开"一些;

(2)击球点的最佳位置是球从地面弹起后与左腿的膝关节同高的区域;

(3)球离身体不能太近或太远,眼睛盯着球;

(4)击球动作要靠挥臂与转体的配合来完成。

图 4-3-3

(四)进移重心

进移重心的动作方法(见图 4-3-4)是：
在跟进的最后，球拍要跟着球的路径，直到在一个较高的位置上结束，身体重心随之移向击球方向。

图 4-3-4

二、反手击球

由于受场地的限制，有些球必须要用反手才能击打，所以在壁球比赛中反手击球同正手击球有着同样的重要性。反手击球的击球点不容易掌握，初学者往往击球时太接近球，导致球拍头竖直向下，不利于发力。反手击球的动作方法（见图4-3-5）是：

（1）站立呈反手击球的引拍姿势；

（2）面对左侧墙，右肩朝着来球方向，右脚在前，向头的左侧上方挥拍；

（3）眼睛注视来球，保持身体平衡；

（4）击球点应正好在膝关节同高的位置上，远近适宜；

（5）反手击球后跟进时，球拍拍头停留在一个较高的位置上。

图 4-3-5

第四节 击球方法

在不同情况需要打出不同路线的球,根据球的飞行线路不同击球方法可分为直击球、侧墙球、前场球(短球)、截击球和高吊球等。

一、直击球

直击球是指直接向前墙击出长球,这是初学者最先要掌握的击球方法,可以采用正手击球的方式,也可以采用反手击球的方式。直击球包括直线长球和斜线长球。

(一)直线长球(见图 4-4-1)

直线长球指将球击向前墙后返回到自己一侧场区后场的击球方式。在比赛中,贴近侧墙的直线长球是最具威胁的。

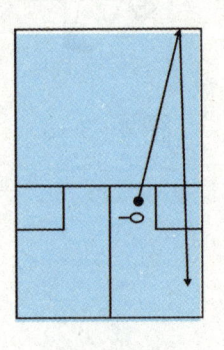

图 4-4-1

(二)斜线长球(见图 4-4-2)

斜线长球指将球击向前墙后返回到另一场区后场的击球方式。理想的斜线球的目标，是在发球区后方靠近侧墙的位置。

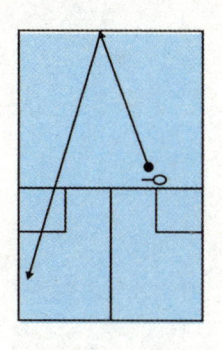

图 4-4-2

二、侧墙球

侧墙球是指利用墙的反弹，将球击向侧墙然后撞击前墙或再撞击另一面侧墙，最后落到地面的击球方式。侧墙球一般多用于后场防守，但如果运用得好，也是一种有威胁的攻击球。它可以调动对方，令对方在壁球场内移位，迫使对方靠近前墙墙角位置等待接墙角短球。侧墙球的动作方法(见图 4-4-3)是：

(1)面向侧墙面，背部侧向前墙，肩部转向侧墙，对着球将要打在墙上的位置；

（2）击侧墙球时，想象着将球通过侧墙击向隔壁球场相对的角；

（3）侧墙球的最佳线路是球击到侧墙后，反弹到前墙，然后再落在对面侧墙接近的墙的角落。

图 4-4-3

三、前场球（短球）

前场球是指球接触到前墙后，在离前墙很近的地方下落的击球方式。动作方法（见图 4-4-4）是：

（1）身体侧向前墙，转肩并朝向将击打球的位置，膝关节弯曲，重心下降，手腕固定；

（2）击打动作要小，拍面略开，击球点在前脚的前方；

（3）击球力量应刚好将球直线打在前墙，并且弹离前墙后落在侧墙与地面的交界处。

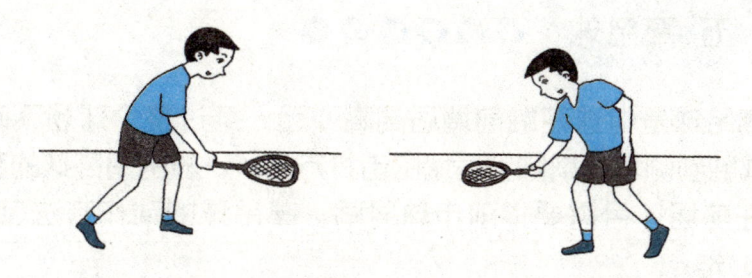

图 4-4-4

四、截击球

截击球是指在球落地之前的直击球或侧墙球，大多在短线附近发生，是壁球击打中一种常见的攻击性击法。好的截击球能提高球的速度，加快比赛节奏，赢得控制权。截击球的动作方法（见图 4-4-5）是：

（1）球的位置最好是在与肩同高的区域，采用正手击球和反手击球的方式；

（2）动作幅度要小和隐蔽，就像"挡"球

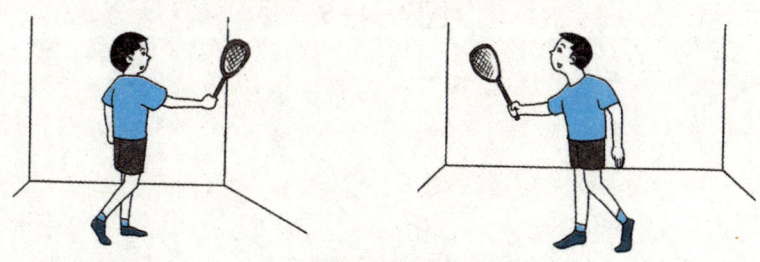

图 4-4-5

五、高吊球

高吊球是指球在触前墙后高高弹起，穿过整个球场飞向后场，或触到侧墙，或触到后墙的击打方式。一般的吊高球的起拍点都在前场，且需要提前击球时间。高吊球的动作方法（见图4-4-6）是：

(1) 降低身体重心，击球点在前脚的前方，拍面要"开"，击球的底部；

(2) 多采用下手击球的方式，击完球的顺势动作应停留在一个较高的位置；

(3) 吊高球的最佳落点是后墙与侧墙的角落。

图 4-4-6

第五节 发球

发球是比赛的开始。发球时运动员至少要有一只脚踩在发球区线内，击球时必须使球击中前墙的发球线与上界线之间的区域，然后再反弹到相对的后四分之一半场。发球时可以采用多种挥拍方式，如正手、反手、上手、下手等，只要球被抛起，击球点没有特别规定。发球包括发球方法、发球种类和发球区域等。

一、发球方法

一般的发球方法是：

(1)站在"T"区接近前墙的位置，这样可以提高球击向前墙的准确度，获得较高的发球角度；

(2)球从前墙弹回后，先触到接发球方一侧的侧墙上部，然后再碰到后墙，最后再落到地面。

二、发球种类

发球种类包括发平快球、发折线球和发高球及半高球等。

(一)发平快球

发平快球是一种大力、快速的发球技术，一般在第一发球时

使用，特点是发球球路较低，飞行快速，落点在角落，并且反弹路线不固定。如果发得好，可具有相当大的攻击性，往往可以直接得分，或者迫使对方回球较弱。但是这种球力量较大，对球路及落点的控制有一定的难度。发平快球的动作方法（见图 4-5-1）是：

（1）站在发球区左右壁中间，面向右侧壁，左脚在前，右脚在后，两脚紧贴后发球线内侧；

（2）发球时喊出比分并观察对方是否准备好接球；

（3）发球时左脚向前壁迈出一步，同时左手将球落于左膝内侧不超过膝的高度，右手向后挥拍；

（4）击球动作和正手基本击球动作完全相同；

（5）击球后，球飞向前壁中间靠左半米左右；

（6）球从前壁反弹后飞向左后脚，在接发球线附近击地，然后反弹向角落；

（7）发球后迅速退几步，占据接发球线与后发球线之间的中间位置，同时注视对方的动作及球路，准备回球。

图 4-5-1

(二)发折线球

发折线球主要是用球路的变换来迷惑对方，使其判断不准而无法到位接球，特点是可快可慢，可高可低，并且球最后反弹时横向移动，十分难接，它的技术要求较高，容易失误。发折线球的动作方法(见图4-5-2)是：

(1)发球位置在发球区内靠近侧壁1米左右；

(2)向左后角落发球时，靠近左侧壁，向右后角落发球时，靠近右侧壁；

(3)发球动作与发平快球相似，只是跨步方向不同，向左后角落发球时，左脚向右侧壁与前壁的墙角迈步，向右后角落发球时，左脚向左侧壁与前壁的墙角迈步；

(4)击球后，球飞向前壁，落点在前壁靠近侧壁半米之内；

(5)球从前壁折回后立即打到邻近侧壁上，然后穿越场地，在着地后打到另一侧壁上，最后与后壁平行反弹回来或冲向后壁；

(6)发快速折线球的目标是胸部高度，发高折线球的目标则靠近顶棚2～3米处。

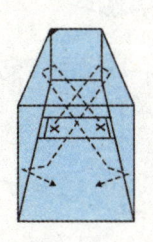

图4-5-2

(三)发高球及半高球

发高球及半高球均为着重于控制落点的发球技术,这两种发球的速度都很慢,飞行方向及落点容易控制,动作方法(见图4-5-3)是:

(1)基本站位如同发平快球,也可转过身来用反手发球;

(2)从基本姿势开始,左脚向前壁跨步击球;

(3)击球时主要用手臂动作,少用腕力,以保证稳定的球路及落点,发高球速度很慢,发半高球则快一些;

(4)发高球的目标、飞行路线及落点与击高球相似,目标在前壁左侧高度,落点是角落;

(5)发半高球的目标在前壁左侧、离左侧壁两米左右,高度在顶棚与地板之间,球的飞行路线在反弹于地面之前比头高,反弹后则在胸部高度,沿侧壁落于角落。

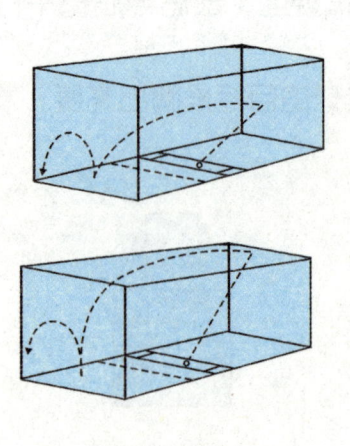

图 4-5-3

三、发球区域

发球区域包括在右发球区发球和在左发球区发球。

(一)在右发球区发球

在右发球区发球的动作方法(见图 4-5-4)是：
(1)发球员右脚站在发球区内的左前角，左脚站在"T"区接近前墙的位置；
(2)左肩对着前墙；
(3)挥拍时手腕固定，拍头向上，拍面呈"开"位；
(4)将球抛离身体；
(5)球被击出后的目标是前墙中部上界线以下1米的范围内。

图 4-5-4

(二)在左发球区发球

在左发球区发球的方法与在右发球区发球的方法基本相同，不同之处在于（见图 4-5-5）：

(1)发球时球拍接近场地的中间位置；

(2)由于球需要一个角度较小的飞行轨迹，所以击打的目标应是前墙偏右三分之一的位置，即略靠近右侧墙，高度比在右发球区发球时要低。

图 4-5-5

第六节 接发球

好的接发球技术在比赛中是必要的，能使你赢得主动，抢占先机，是壁球技术中非常重要的一环，包括接发球方法和接发球种类。

一、接发球方法

接发球有两种选择,一种是接从地面反弹起来的合理的发球,一种是用截击的方法接发球。如果认为发出的球会落在后墙与侧墙的死角位置,接球员就应该在球接触到侧墙之前,上前用截击的方法回球。最有效的接发球方法是采用直线长球的接发球,它能帮助接球员有效地控制"T"区,争取主动,动作方法(见图4-6-1)是:

(1)站位时肩部斜对前墙,站在发球区对角线的延长线上,距离发球区有一大步的距离;

(2)目视发球球员,注意来球方向,预测所发出球的飞行情况,准确地移位击球。

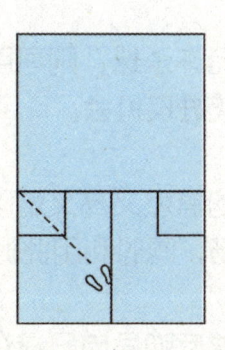

图 4-6-1

二、接发球种类

接发球技术包括接平快球、接折线球和接高球及半高球等。

（一）接平快球

接平快球包括杀球、远球、顶棚球及高吊球、挡球及撩球和后壁球等。

1. 杀球

如能移动到位并且球的位置很好，则可用各种杀球技术将球一拍打死。

2. 远球

如果时机、位置不允许杀球，则可用各种远球技术将对方调离中间位置，以创造下次进攻机会。

3. 顶棚球及高吊球

如果位置不好，球的落点又高又难以控制，则最好用顶棚球或高吊球将对方调到后场，同时利用此时机调整自己的位置。

4. 挡球及撩球

如果球速非常快，球反弹后自己没有时间回球，位置也不合适时，应快速把球挡撩回去，等待下次机会。

5. 后壁球

如果球已超过接球者，则接球者应迅速转身，用后壁球将球击回。

(二)接折线球

接折线球包括攻击性回球和防御性回球等。

1. 攻击性回球

如果接球者位置较好,则应用杀球或远球直接回球得分,或者迫使对方回球软弱。

2. 防御性回球

如果接球者位置不好或时机不好,则可用高球回球,等待下次机会将对方调离中间位置。

(三)接高球及半高球

接高球及半高球包括攻击性回球、防守性回球和挡球等。

1. 攻击性回球

若对方发球质量不高,接球者应使用杀球、远球技术直接得分,或迫使对方回球软弱或失误。

2. 防守性回球

若接球者位置、时机不好,则应使用高球、顶棚球等防守性技术先将球击回,等待下次机会。

3. 挡球

若对方发球路线及落点不符合预期,接球者可在球反弹之前即将球挡回,这样虽然攻击性不强,但至少不会陷于被动或失球。

第七节 移动

在壁球比赛中，球员在场地上不停地移动，移动的快慢是取得胜利的关键，而盲目的移动必定影响速度和耗费体力。移动包括移动基本线路和移动步法。

一、移动基本线路

在每次击球后，球员应尽可能地返回"T"区，按这种方式在场地上移动，基本上可以接到落在场地上任何位置的球，并且节省体力。这种移动方式还有很重要的战术意义（见图4-7-1）。

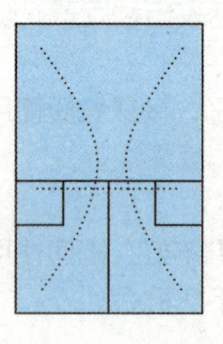

图 4-7-1

二、移动步法

移动的原则是以最少的步数和最快的速度达到击球点。移动步法包括向左前方三步移动、向右侧方两步移动、向左后方三步移动和向右后方三步移动等。

(一)向左前方三步移动

向左前方三步移动的动作方法(见图4-7-2)是:
(1)第一步先上右脚,弧线移动;
(2)最后一步保持右脚在前、左脚在后,右肩对着前墙。

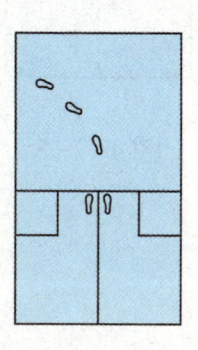

图 4-7-2

(二)向右侧方两步移动

向右侧方两步移动的动作方法(见图4-7-3)是：
(1)第一步先上右脚；
(2)第二步保持左脚在前、右脚在后，左肩对着前墙。

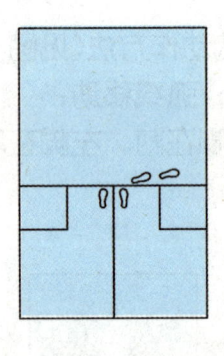

图 4-7-3

(三)向左后方三步移动

向左后方三步移动的动作方法(见图4-7-4)是：
(1)球员转体后先上右脚，弧线移动；
(2)最后一步保持右脚在前、左脚在后，右肩斜对前墙。

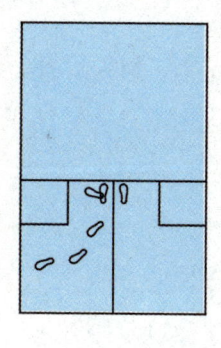

图 4-7-4

(四)向右后方三步移动

向右后方三步移动的动作方法(见图 4-7-5)是：
(1)转体后先上左脚，弧线移动；
(2)最后一步保持左脚在前、右脚在后，左肩斜对前墙。

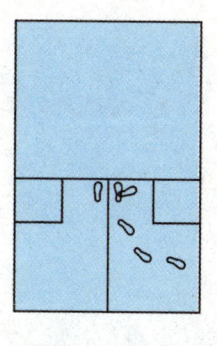

图 4-7-5

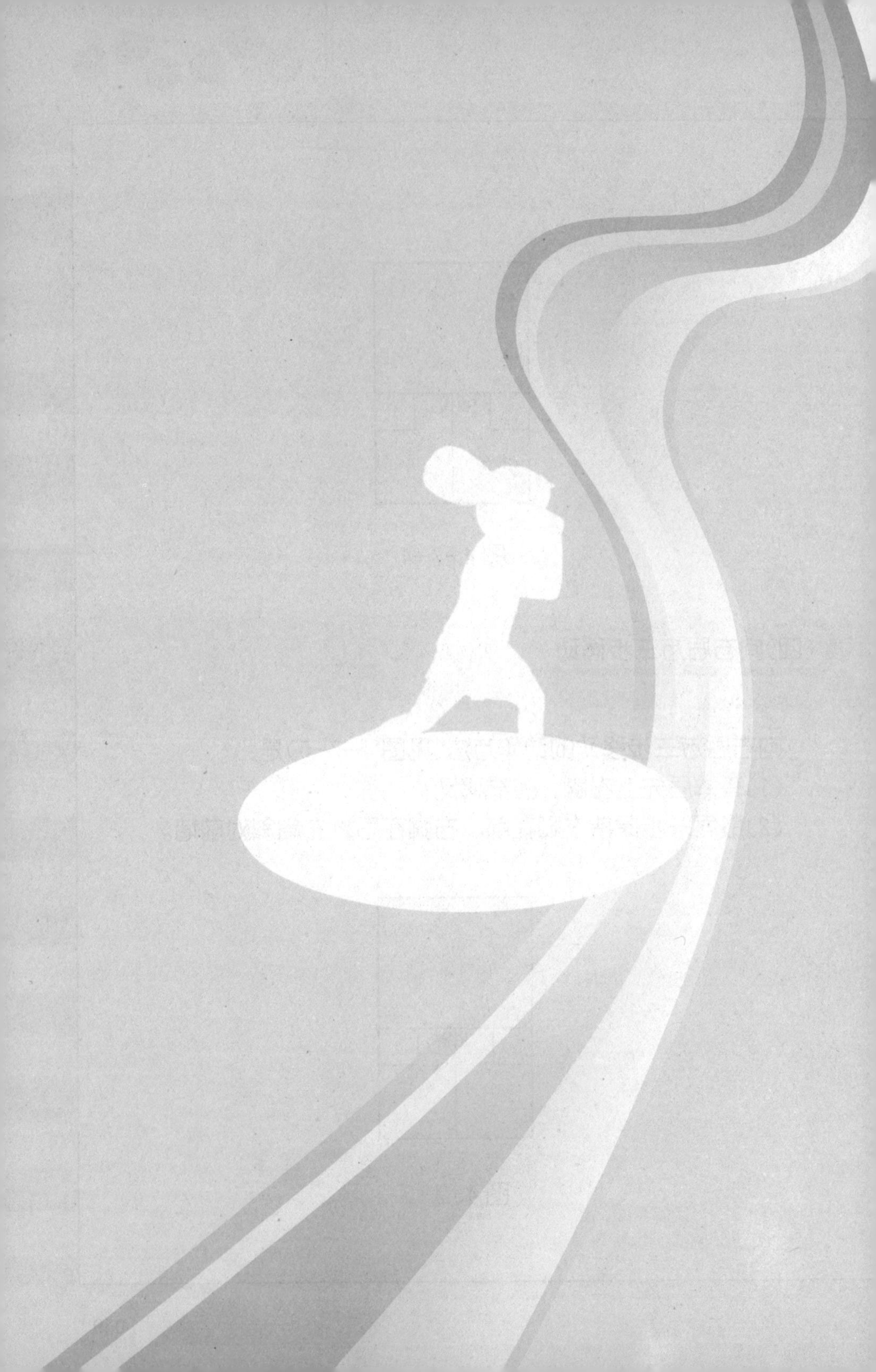

第五章 壁球基础战术

壁球比赛中,战术的运用是十分重要的,主要体现在选择合理的跑位和击球方式方法上。基础战术包括单打战术和双打战术等。

第一节 单打战术

在单打中要根据自己的技术特长和对方的特点选择应用不同的战术,争取发挥自己的特长,限制对方的特长,控制比赛节奏。单打战术包括发球战术、接发球战术和对打战术等。

一、发球战术

发球战术包括扬己之长、随机应变和攻其弱点等。

(一)扬己之长

从比赛一开始,发球者就应该运用自己最擅长的发球技术,以造成直接得分的机会或迫使对方回球软弱。如果连连得分,则证明这项发球技术运用得有效,应继续发下去。但如果对方不吃这种发球,或逐渐适应,则应马上变换发球方式。

(二)随机应变

在比赛中要根据不同的形势,选择使用不同的技术和战术。
1. 变换发球
变换发球有两种形式,即主动变换和被动变换。

（1）主动变换是指发球者在比赛中不断变换各种发球技术，使对方始终处于紧张状态，还可使对方没有机会适应发球者的每项发球，这种主动变换的运用会将对方置于被动之中，始终跟着发球者走；

（2）被动变换是指，当对方不吃某种发球或逐渐适应某种发球时，发球者应果断采用另一种发球技术。

2. 其他变换

除了变换发球技术外，发球者还可变换发球的速度、球路及其角度，迫使对方失误。

（三）攻其弱点

以自己的强点攻击对方的弱点是最好的比赛策略。发过几个球后，对方若有弱点就会很快暴露出来，这时应抓住时机猛攻其弱点。若不知对方有什么弱点，则应该用各种发球及变化来找出其弱点，再进行攻击。一般人会有以下弱点：

（1）反手接球比正手弱；

（2）接大力平快球的能力不强。

二、接发球战术

一般来说，接球者处于防守地位，但如果能合理运用主动进攻，则可变守为攻，从而将发球者置于被动地位。由于发球者占据良好位置，时间充裕，而且又是自抛自发，因而容易发出高质量的球；而接发球者则要在短时间内判断来球方位，移动到位回

球，因而比较被动。接发球一般应遵循下面几种基本战术策略：

（一）善于观察判断，及时移动到位

1. 判断球

接球者根据发球者的站位、抛球高低、目标情况、挥拍的快慢，以及对方发球习惯，来判断其使用的发球技术，从而判断出球的方向、落点及速度。判断方法一般如下：

（1）若对方站位于中间，则大都是发平快球或高球、半高球；

（2）若对方站位偏一边，则多半是发折线球，但也有可能发平快或高球；

（3）若对方挥拍较快，则大都是发平快球，但如果对方站位偏向一侧，则可能是发折线球；

（4）若对方挥拍较慢，则大都是发高球、半高球；

（5）若球击前壁较高，则一般是发高球；

（6）若球击前壁较低，则大都是发平快球。

2. 移动

有了准确的观察判断，接球者应迅速移动到位接球。移动既要及时又要准确，以保证移动后能将球准确地置于击球点上。这样，接球者就会占据主动，发挥出最大的攻击性。

（二）主动进攻，迫使对方失误

主动进攻会给发球者施加很大的心理压力，迫使其紧张而发挥不出正常的水平，使其出现技术变形或频频失误。

1. 进攻时机

在下列情况下，接球者应主动进攻：

(1)当对方发球软弱时；

(2)当对方将球发至接球者强势一侧时；

(3)当接发球者处于较好的攻击位置时；

(4)接发球者的攻击性技术很强时。

2. 进攻方法

主动进攻所用技术主要是杀球和远球。

(1)当接球者有机会杀球时，就应毫不犹豫地一拍将球打死；

(2)如果接球者杀球技术不过硬，则应利用远球技术将球击向对方空当，以求对方来不及到位而失分或勉强回球。

(三)以守为攻，等待时机

以守为攻策略是指接球者在时机、位置都不好时，不是勉强去杀球，而是用防守性技术将球击回，以免失分；或以守为攻地将球击向对方的弱处（如角落或对方的反手等），以迫使对方勉强回球，而不能主动进攻，从而给接球者创造出下一个进攻的机会。

(四)攻击弱点

攻击弱点策略是指接球者在回球时，抓住对方的弱点有针对性地回球，迫使对方使用较弱的技术动作击球，从而创造良好的进攻机会。使用这一策略，会使发球者感到心虚和被动，从而影

响其发球的成功率。接发球时攻击发球者的弱点可用以下几种方法：

（1）回球到对方的反手，因为一般人反手比正手要弱；

（2）击球到后场角落，将球击到后场会使对方难以使用杀球；

（3）抓住发球者的特殊弱点，例如站位不好，移动不快，或不善于接某种球等，穷追猛打。

三、对打战术

在发球、接发球后双方进入对打阶段。这一阶段相持时间较长，情况变化多，双方有时间有机会运用各种战术。对打战术包括抢占位置调动对方、主动攻击、灵活多变、以强攻弱和积极防守等。

（一）抢占位置，调动对方

抢占位置的主要目的是把对方挤出中间位置，然后自己占上去。调动对方的方法有以下3种：

（1）利用高球将对方调到后场，然后用短球迫使对方再去前场，让对方前后奔跑；

（2）运用远球技术将对方挤向侧壁；

（3）利用高球将对方调到后场两角。

(二)主动攻击

在对打中的主动进攻，是指抓住机会或创造机会并使用各种进攻性技术直接得分，或者迫使对方处于守势，削弱其进攻能力，或迫使对方勉强回球，从而给自己创造出更好的进攻机会。主动进攻时需要注意以下几点：

(1)要有较强的进攻能力和较好的进攻技术，而且要捕捉时机和创造时机主动进攻；

(2)应在气势上压住对方，迫使对方胆怯手软；

(3)在对付与自己水平接近或略差的对手时比较有效，而用于对付比自己实力强很多的对手时则效果欠佳。

(三)灵活多变

灵活多变在对打中有几方面的意义：

(1)预先制订的比赛策略临场发挥不灵或自己发挥失常时，应果断变换打法以适应比赛情况；

(2)在对方变换比赛策略并连连得分的情况下，应主动变换自己的打法以遏制对方的气势；

(3)在比赛中主动变换打法以使对方不适应，从而获得比赛的主动权。

(四)以强攻弱

对打的最佳策略是尽量发挥自己的长处,并且攻击对方的弱点。对方的弱点可从以下几方面观察:
(1)观察对方的比赛或咨询与对方交过手的选手;
(2)临场观察,从对方的对打方式中发现对方的弱点;
(3)如果对方弱点暴露不明显,则可运用各种技术与打法迫使其暴露出来。

(五)积极防守

积极防守有以下几方面的意义:
(1)当时机不好时,运用防守性技术将球回到对方难接的地方,迫使对方回球软弱,从而给自己创造下一次进攻的机会;
(2)当对方很强,自己的进攻不奏效时,应果断采取守势,与对方相持下去,并消耗对方体力,等待对方出错。

第二节 双打战术

双打战术包括发球及接发球站位、对打站位和双打发球战术等。

(一)发球站位

发球站位时，发球者站在发球区中间，同伴站在任意一侧的双打发球区内，站在哪边视发球者的意图而定。发球者若向左后角发球，则同伴站在右侧；若向右后角发球，则同伴站在左侧（见图 5-2-1）。

(二)接发球站位

接发球站位是指双方平行站立于接球线后，一人负责左区，一人负责右区，谁站左区、谁站右区，视情况而定。若接发球一方一人用右手击球，一人用左手击球，则左手击球者站左侧，右手击球者站右侧，这样就没有了反手的弱点；若发球方善于向左区发大力球，而接球方有一人善于接这种球，则此人应站在左区，这样既可减少对方得分机会，又能迫使对方改变发球方向（见图 5-2-1）。

图 5-2-1

二、对打站位

接发球后,双方开始进入对打阶段。对打中的站位包括前后站位、左右站位和斜站位等。

(一)前后站位(见图5-2-2)

前后站位时,一人站在前发球线附近,同伴则站在后场,即一人负责前场,一人负责后场。这种打法的特点是前封后打,颇具攻势,在对付善于积极进攻的队时比较适用。另外,当某方的一名队员不善于跑动,但这名队员的后场技术很强,而其同伴善跑且前场攻击力很强时,也应使用这种站位。

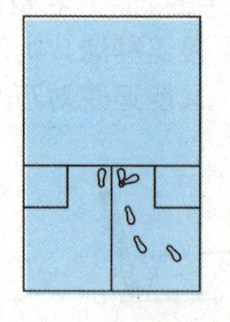

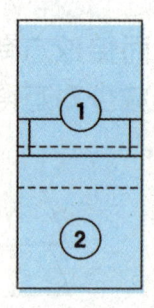

图5-2-2

(二)左右站位(见图 5-2-3)

左右站位时,两人均站在发球线后,一左一右。这种站位的特点是后场攻防能力较强,但前场偏弱,守势大于攻势。当对方攻击能力很强时,或者对方善打后场两角球时,这种站位较好。

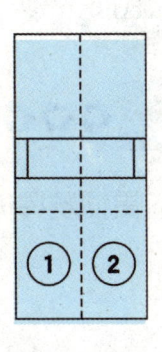

图 5-2-3

(三)斜站位(见图 5-2-4)

斜站位是将场地对角切开,一人负责前三角,一人负责后三角的站位方法。这种站位综合了前后站位和左右站位的优点,既能攻又能守,轮换起来比较方便。尽管同队二人之间有分工,并各自负责一定区域,但在比赛中,这种防区随时变化。当同伴移动击球时,另一人应根据情况,迅速调整位置,兼顾全局。

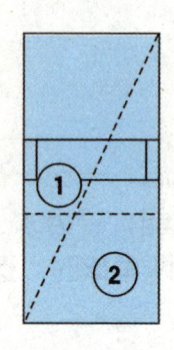

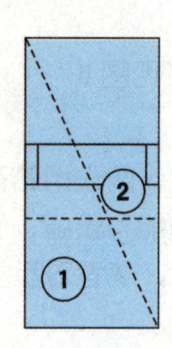

图 5-2-4

三、双打发球战术

双打发球战术的应用应贯彻发挥优势、专攻弱者、专攻弱点和善变等策略。

（一）发挥优势

双打发球的基本策略之一是充分发挥自己与同伴的优势，使用本方最擅长的技术直接创造得分机会，或迫使对方处于被动地位。

（二）专攻弱者

一般来讲，对方中的两人总会有强有弱。攻打弱者而迫使对

方回球不力的得分机会比打强者要高，因此发球一方应将主攻点放在对方的弱者身上，并穷追猛打，不给弱者以喘息的机会。

（三）专攻弱点

与单打比赛相似，对方二人接不同发球的能力总会有强有弱，发球者要针对对方的弱点有目的地猛攻，同时发球者的同伴也要做好准备，以便在对方回球不强时进行二次进攻。

（四）善变

一般接球者都喜欢对方按一定套路发球，这样就会逐渐适应发球者的球路，从而减少失误。所以，发球者在发球时应善于变化，通过改变发球的方式、路线、强弱、高低及发给不同的对手，使其摸不准球路，始终处于紧张状态之中，进而出现手软或失误。

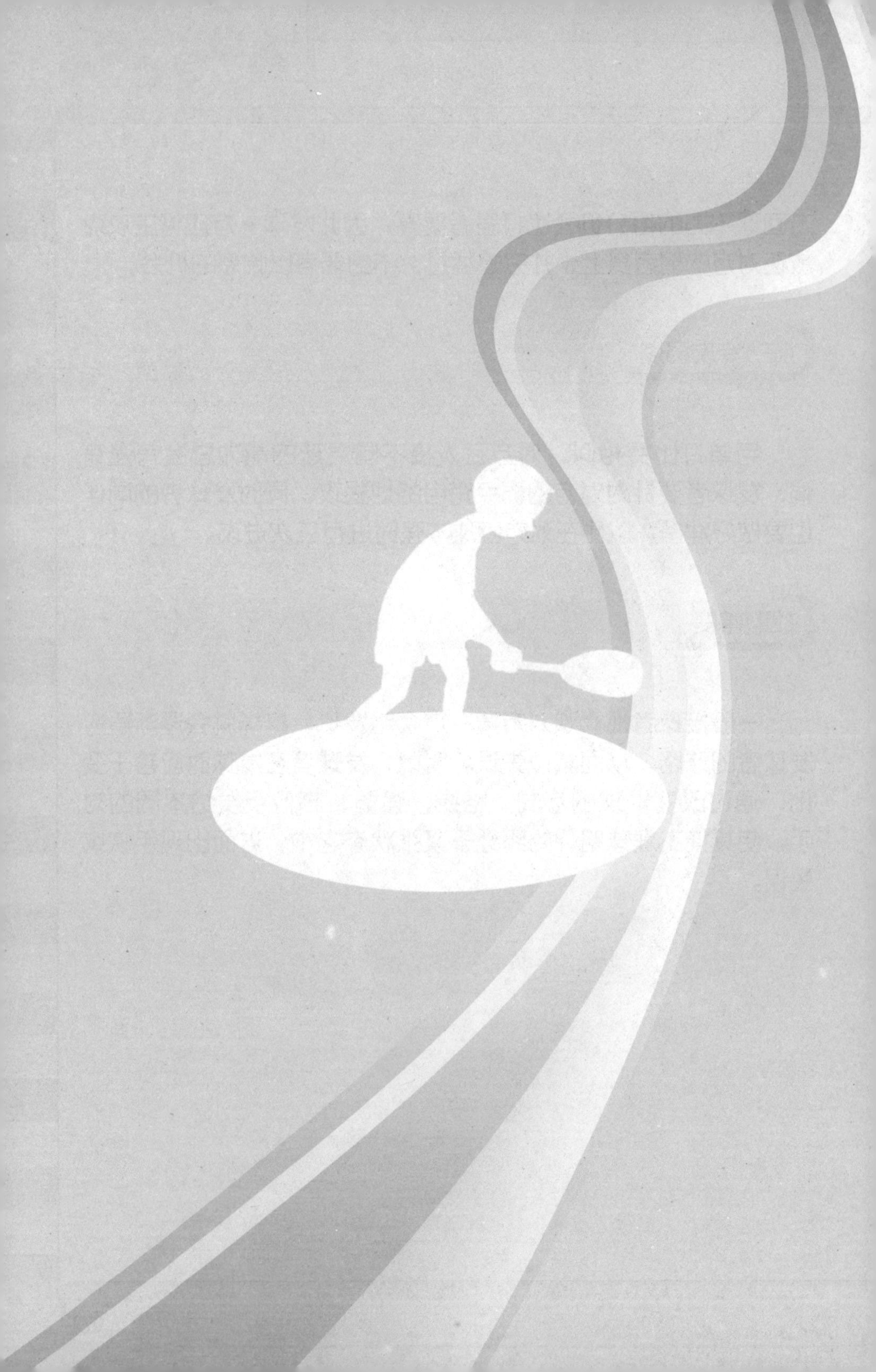

第六章 壁球比赛规则

比赛需要遵循一定的程序来开展,同时也需要必要的裁判工作来维持。合理的程序是比赛顺利进行的前提条件,正确、合理的裁判工作是比赛公平、公正的基本保障。了解比赛规则的相关知识,能够使观众更全面、更深入地欣赏比赛,同时又能使运动员游刃有余地进行比赛。

第一节 程序

壁球比赛要按照一定的程序来进行，具体包括参赛办法和比赛方法。

一、参赛方法

壁球比赛项目分为团体赛和个人赛两大类。
团体赛分为男子团体和女子团体。

二、比赛方法

壁球比赛使用壁球拍发球与击球，比赛应在壁球房内进行。

壁球比赛的目的是通过本方的发球或回球，迫使对方不能按规定回球，从而赢得每个回合的胜利。每当一方犯规或未能按规定在球反弹两次之前回球时，则另一方获胜。

每当一方发球并赢得该回合，该方即得1分。若发球方输掉这一回合，则失掉发球权。

一场壁球比赛采用三局两胜制，15分为一局，先胜两局者赢得这场比赛。若双方打成一比一，则要打决胜局。决胜局打11分。

第二节 裁判

裁判是比赛顺利进行的基本保障，是比赛公平、公正的基础。了解裁判工作的相关知识，有助于观众更加深入地欣赏比赛，也有助于运动员充分发挥自己的技术水平，取得好的成绩。

一、裁判人员

壁球比赛应设总裁判长1名，裁判员、记分员若干名。裁判员和记分员通常都在后墙中央的外面、上界线的上方，并且尽量靠近墙的位置。

裁判员一般不介入记分员的报分，除非认为记分员有误而需要更正。裁判员有责任保证有关比赛时间的规定要严格执行。

比赛前裁判员有责任检查场地状况，以适合比赛需要。裁判员应对比赛情况做认真记录。

二、比赛规则

(一)决定发球

掷硬币胜者可选择在第一局比赛中的发球权或接发球权。掷硬币败者在第二局比赛中先发球。第三局发球者为前两局比赛中总分多者。若前两局双方总分相同，则重掷硬币。

(二)开始发球

发球员必须站在发球区内,球与脚均不能越线,但脚可以踩线。在球飞过后发球线以前不得跨出发球区。发球员必须等裁判员宣布分数或"第二次发球"后才可开始发球。

(三)发球动作

发球动作始于发球员将球掷于地上并在其反弹两次之前将球击出,动作必须连贯。球被击出后,应首先打到前壁,再直接或通过一侧壁落到后发球线后的地板上,不得触及后发球线。

(四)准备接球

在裁判员宣布分数或"第二次发球"后,发球者看到接球者已准备好接球时才能发球。

(五)拖延

10秒钟规则同时适用于发球者和接发球者,即双方有责任在裁判员宣布后的10秒内准备好发球和接发球。拖延10秒钟以上发球者失去发球权,接球者拖延10秒钟以上接球者失去1分。

(六)双打发球

在每局比赛前,双方都应通知裁判员本方两人的发球顺序,

并在整局比赛中遵守这一顺序；每局比赛的开球队只有一人可发球，在其失误后双方两人均有发球权。

发球员的同伴应背向侧壁站在双打发球区内，待球越过后发球线时才可移出，否则发球者失去发球权。

(七)失误性发球

下列发球均为失误性发球：

(1)脚步违例。发球时双脚不在发球区内，或发球者在球过后发球线前即跨出发球区，或双打时同伴未按规定站在双打发球区内。

(2)短球。球从前壁反弹回来后，落在后发球线与前壁之间。

(3)三壁球。球从前壁反弹到一面侧壁并在落地之前又直接打到另一侧壁。

(4)顶棚球。球从前壁反弹至顶棚后再落地。

(5)长球。球从前壁反弹回来后，落地之前先打到后壁上。

(6)发球出房。球从前壁反弹回来落地之前即飞出壁球房外。

(7)线外掷球。发球时将球掷在发球区外然后击球。

(8)阻碍视线。球从前壁反弹回来离发球者太近，使接球者看不清球的飞行路线。

(八)失权性发球

下列发球均为失权性发球：

(1)连续两次失误性发球。

(2)未能按规定在 10 秒钟内发球。

(3)漏球。掷球挥拍未击到球,或用身体其他部位,如衣服、手臂碰球,或球反弹两次以上。

(4)球击人。球从前壁反弹回来击中发球者或球拍。发球者或其同伴用手抓球或停球。

(5)假动作。发球过程中发球者使用假动作,或击球动作不连贯。

(6)非法击球。两次击球、用球拍托球或用拍把击球。

(7)非前壁发球。发球时球先打到侧壁、顶棚或地面上。

(8)夹角发球。发球时球打到侧壁与前壁的夹角,或顶棚与前壁的夹角,或地面与前壁的夹角。

(9)违序发球。双打时当一方违反发球顺序时,所得分数取消,判为失权性发球。

(10)球击同伴。球从前壁反弹回来击中站在双打区外的同伴。

(九)接发球

(1)接球位置。接球时必须站在接发球线的立体平面后接球,但伴随动作可超越该平面。

(2)非法发(接)球。即便接球者认为发球违例,也不可以在球反弹于地面两次之前将球抓住,否则判失分。

(3)合法接球。接球者必须在球落地或反弹一次后将球击回,反弹两次后即为接球违例。接球者击球后必须直接将球击回前壁,或通过侧壁、顶棚、后壁反弹到前壁,所击出的球在碰到前

壁之前不可落地，否则失分。

（4）未能回球。未能按规定回球则发球者得1分。

（十）换发球

在下列情况下，运动员换发球：

（1）失去发球权。下列情况运动员失去发球权：一次失权性发球、连续两次失误性发球、发球队回球击中同伴和发球方未能按规定回球。

（2）交换发球。在单打比赛中，运动员失去发球权应换发球，在双打比赛中，一方两名队员都失去发球权时应换发球。

（3）换发球方式。换发球时，发球者变成接球者，接球者变成发球者。

三、计分方法

国际性（英式）比赛采用9分制，球员须先获得发球权才可以得分。

如果到了第8分后平手，先得8分的球员可以选择打2分（共10分），或照原本记分法打1分以9分终局。

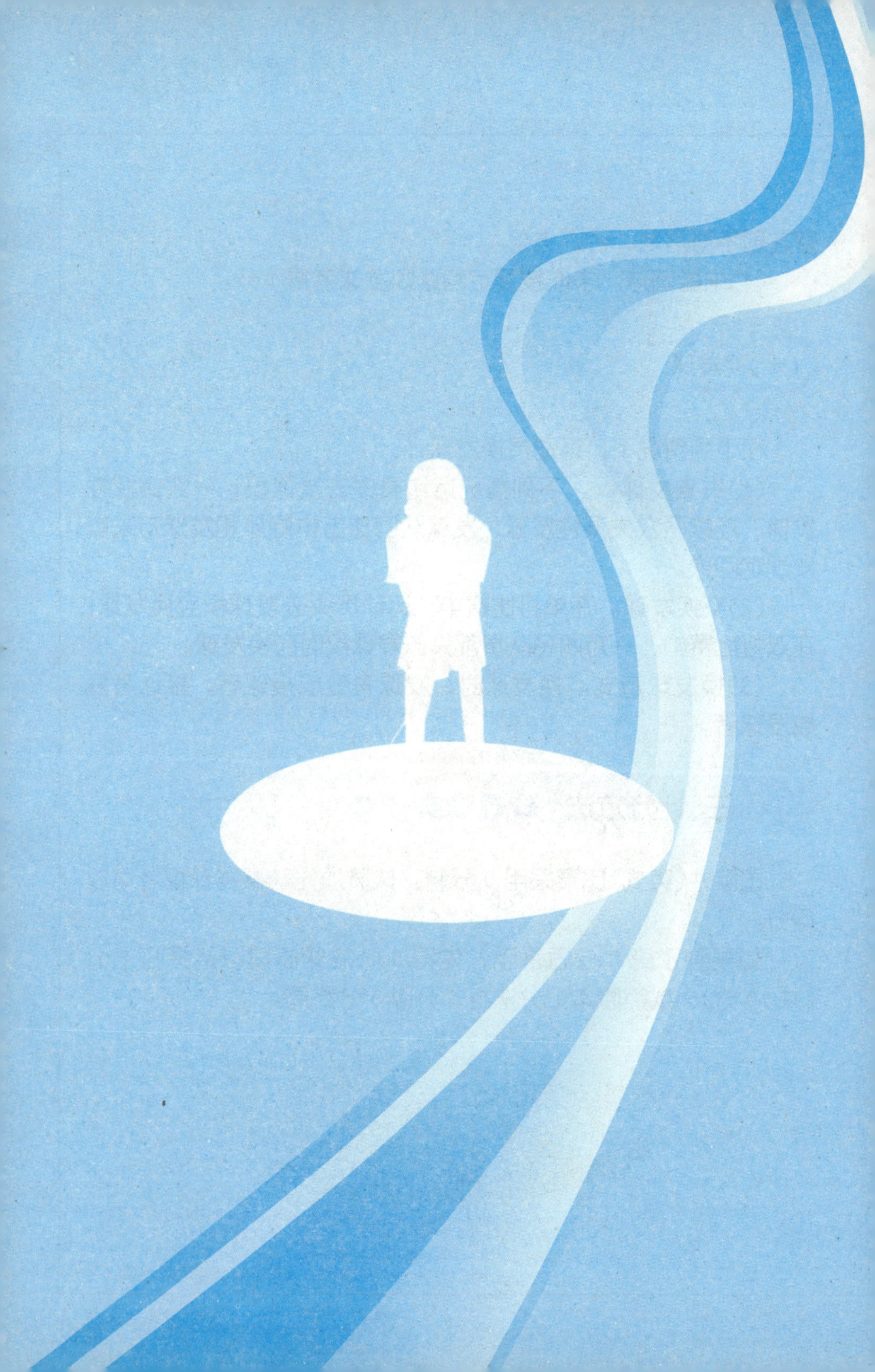

高尔夫球

第七章 高尔夫球概述

高尔夫球运动是一项男女老少皆宜的体育运动,它是继足球、网球之后公认的世界第三大运动,并与网球、保龄球和台球并称为"世界四大绅士运动"。

第一节 起源与发展

高尔夫球是一项古老的贵族运动,起源于15世纪的苏格兰地区,后来传入美洲、亚洲以及世界其他地区。现在这一运动拥有多项国际赛事,已成为一项颇受欢迎的世界性运动。

一、起源

苏格兰地区山地较多,气候湿润,特别适合牧草生长,在工业文明以前,这里是连绵不断的牧场。当时的牧羊人在放牧休息时,喜爱玩一种用木板将石子击入兔子洞或洞穴中的游戏,这就是高尔夫球的雏形。

苏格兰地区非常寒冷,人们每次出去打球时,总要带上一瓶烈酒,每次发球前先喝一瓶盖酒。一瓶酒重18盎司,而一瓶盖正好装1盎司,打完18个洞,酒也喝完了。久而久之,很多人便认为打一场球必须打18个洞。

二、发展

英国最早的高尔夫球俱乐部是绅士高尔夫球社,1755年又成立了"皇家高尔夫球俱乐部",即现在的"圣·安德鲁斯皇家古代高尔夫球俱乐部"。这两个俱乐部对苏格兰高尔夫球运动,乃至世界高尔夫球运动的发展均起到了重大的促进作用,它们是制定高尔夫球运动规则的鼻祖。

早在17世纪初,高尔夫球运动就传入了北美洲。1795年美国成立了第一家高尔夫球俱乐部,从此,高尔夫球运动在美国不断发展。第二次世界大战后,美国开始在这一项目上显示出强劲的实力,并树立了其在高尔夫球坛上的霸主地位,直至现在。

19世纪20年代,高尔夫球运动传入亚洲。20世纪后期,亚洲的高尔夫球运动蓬勃开展起来,尤其是亚洲"五小龙"经济的迅速发展,使高尔夫球运动得到了很大的发展。

目前,世界各地高尔夫球竞赛繁多,主要的高尔夫球组织与赛事有:美国高尔夫球协会、美国高尔夫球公开赛、美国业余女子高尔夫球锦标赛、英国职业高尔夫球协会、英国高尔夫球公开赛、英国业余高尔夫球锦标赛、世界业余高尔夫球理事会和世界杯高尔夫球比赛等。

中国的高尔夫球运动虽然起步比较晚,但发展很快。目前,中国高尔夫球协会已对原有的国内高尔夫球公开锦标赛制进行改革,使之成为业余选手的公开赛和职业选手的锦标赛,让更多的高尔夫球手有更多的机会参与这项运动,以推动其普及和发展。

第二节 特点与价值

高尔夫球运动是一项极具魅力的体育项目,它亲近自然、适宜性强,在促进身心发展、挑战自我等方面具有很高的价值。

一、特点

(一)亲近自然

高尔夫球运动是一项植根于大自然又最亲近大自然的运动。高尔夫球的场地本身就是大自然,或者说是经过了修整的大自然。它不仅为球手提供了一个广阔的活动空间,也使球手获得了宁静。享受着日光浴与空气浴,可以舒缓心理压力,松弛精神,消除身体疲劳。从这个意义上说,高尔夫球场是回归自然的最佳去处,是最大的"氧吧"和"太阳康复中心"。

(二)适宜性强

高尔夫球是一项"亦动亦静"的运动,没有激烈的运动场面,球手可以根据自己的体力情况来调整节奏与强度,所以,它是一项适合于各种年龄、体态和体能状况者的运动项目。

二、价值

(一)促进身心发展

高尔夫球是一项非常有趣的运动,既要动脑筋,又需体力,引人入胜。每次击球之前均须考虑击球的距离、选择的球杆、采用的

打法等,然后要靠手、臂、腰、腿、脚和眼睛等各部位协调配合去击球。整个过程对身心的发展具有良好的促进作用。

(二)挑战自我

在高尔夫球运动中,球手在整个过程中完全是"独立作战",至少从表象来看,一名球手与同组的伙伴甚至所有其他参赛球手没有任何关系,仅须注意礼貌、礼仪与击球顺序即可。高尔夫球手没有与对手的身体接触和直接对抗,不会受到对手的阻碍和干扰,是一项挑战自我的运动。

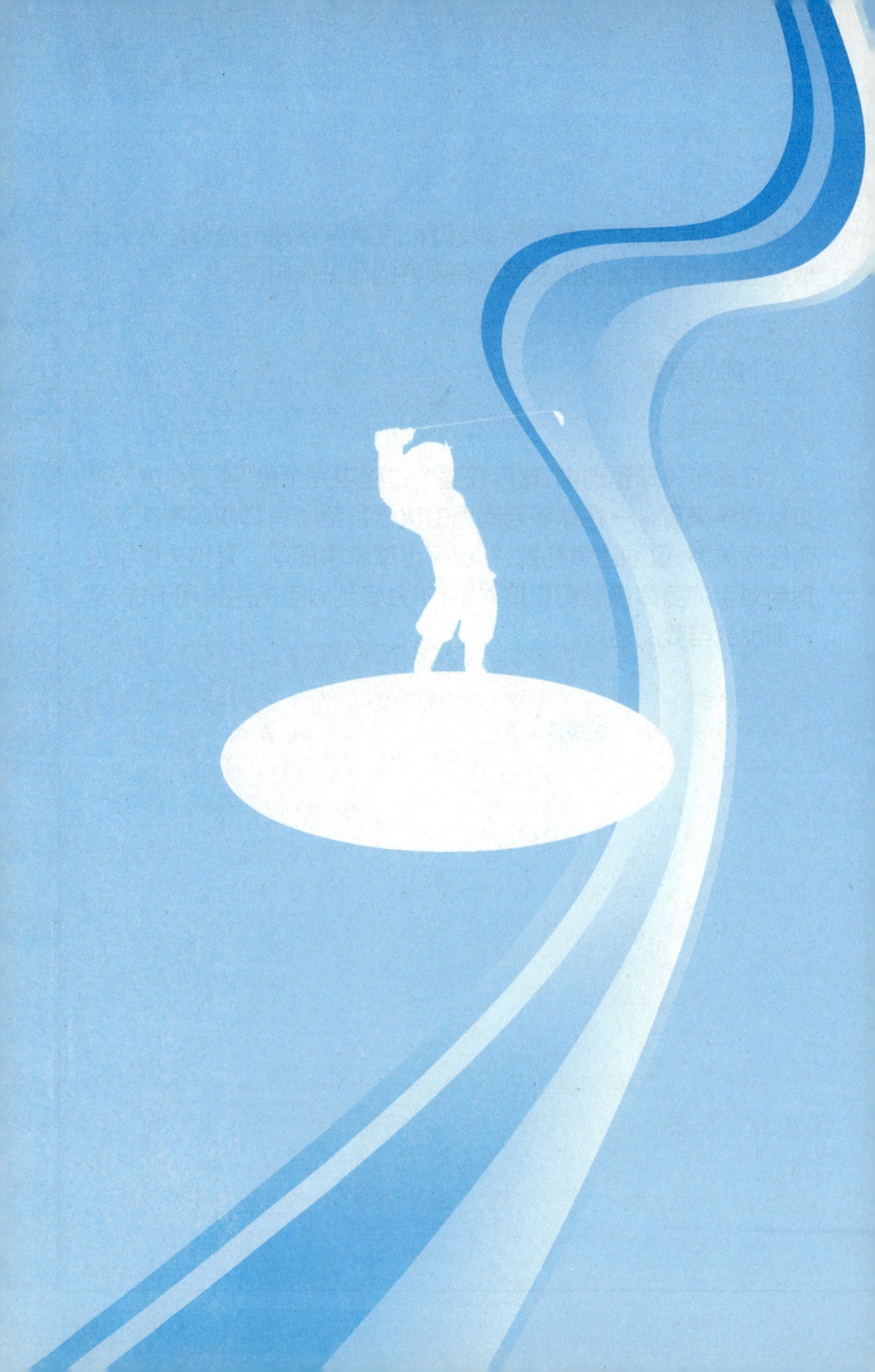

第八章 高尔夫球场地、器材和装备

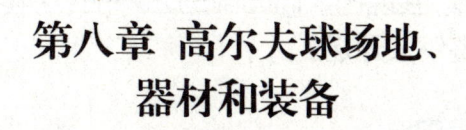

高尔夫球运动是一项"贵族运动"，器材和装备都比较昂贵。不同的场地、不同的球杆打出的球速和方向都不同，所以高尔夫球运动对场地、器材和装备的要求比较高。

第一节 场地

高尔夫球场地是将草地、湖泊、沙地和树木等自然景观,经球场设计者的创作,展现在人们面前的艺术品。所以,世界上没有两个完全相同的高尔夫球场。

一、规格

(一)球洞

一个标准的高尔夫球场设 18 个球洞。每块场地均设发球台、球道和球洞,以发球台为起点,中间为球道,果岭上的球洞为终点。1~9 号为前 9 洞,10~18 号为后 9 洞。前 9 洞和后 9 洞各设长、短距离的球道各 2 个,中等距离的球道各 5 个,18 个洞的标准杆为 72 杆。

(二)球道

高尔夫球场通常包括长、中、短 3 种球道,具体规格如下:
(1)男子比赛用的长球道距离为 430 米以上,女子比赛用的长球道为 401~526 米,标准杆为 5 杆;
(2)男子比赛用的中球道为 228~430 米,女子比赛用的中球

道为 193~366 米,标准杆为 4 杆;

（3）男子比赛用的短球道为 228 米以内,女子比赛用的短球道为 183 米以内,标准杆为 3 杆。

二、区域划分

高尔夫球场可以划分为 3 个主要功能区域：会馆区、球道区和草坪管理区。各功能区在管理上具有相对的独立性,并在功能上相辅相成。

（一）会馆区

会馆区是整个高尔夫球场的管理中枢,是球场接待、办公、管理和后勤供应的场所,也是高尔夫球手登记和休息的场所。

（二）球道区

球道区是整个球场的主要部分,呈带状铺设在一片开阔地上,其面积占整个球场面积的 95% 以上,由击球的草坪区域以及水区域、沙坑、树木等障碍区域组成。

（三）草坪管理区

草坪管理区是球道区日常维修管理机械和物资等的存放区

域，是机械保养和维修的区域，也是进行草坪实验与其他管理活动的场所。

第二节 器材

高尔夫球运动的器材包括球和球杆。好的器材能够帮助球手轻松打出理想的球，所以初学者应了解球和球杆的相关知识。

一、球

高尔夫球质地坚硬，富有弹性，多数为白色。球的重量不得超过 50 克，直径不得小于 4.3 厘米，球体完全对称（见图 8-2-1）。

图 8-2-1

二、球杆

球杆由杆头、杆颈和杆把组成,分为木杆和铁杆两大类,每类又包括不同用途的各种型号的球杆(见图8-2-2)。

图 8-2-2

(一)木杆

木杆的特点是杆身长、杆头较轻(顶端击球部位为木质),便于挥杆,主要用于开球和击打远距离球。木杆按长度分为5个型号。

(二)铁杆

铁杆的特点是易于保持击球方向和落点的准确性。铁杆一般有12根,其中除1~9号铁杆外,还有1根用于近距离劈起击球的劈起杆(P),1根用于沙坑中击球的沙坑杆(S)和1根用于果岭上推球入洞的推球杆。

第三节 装备

一名好的高尔夫球手不仅需要好的球杆和球，还需要一身适于打高尔夫球的装备，包括服装和鞋等。

一、服装

高尔夫球运动不仅是一项体育运动，也是一种高雅的社交活动，对服装有一定的要求。

(一)款式

高尔夫球运动的服装款式一般为：
(1)男士在打球时穿V领毛线背心，里衬短袖有领T恤，下配合身便装裤，裤型宽松不紧绷；
(2)女士的上衣装扮与男士相近，裤子可改穿短裤；
(3)雨天可穿特制的雨衣。

(二)要求

(1)衣料质地要柔软，一般为吸汗性和透气性较好的棉制品；
(2)穿着要舒适得体、整洁干净，以表示对对手、裁判员及观众的尊重。

二、鞋

高尔夫球鞋一般用皮革制成,鞋底上带有鞋钉或小的橡胶头,穿这种鞋打球主要有以下作用:

(1)增强击球站位的稳定性,有利于保持身体平衡,能够更合理地完成击球动作;

(2)皮革面可以防雨和露水,在潮湿积水地面可以起到防滑的作用,行走时也可以节省体力;

(3)在行进和击球时,鞋钉扎出的洞有利于草根部的通气,起到保护草皮的作用。

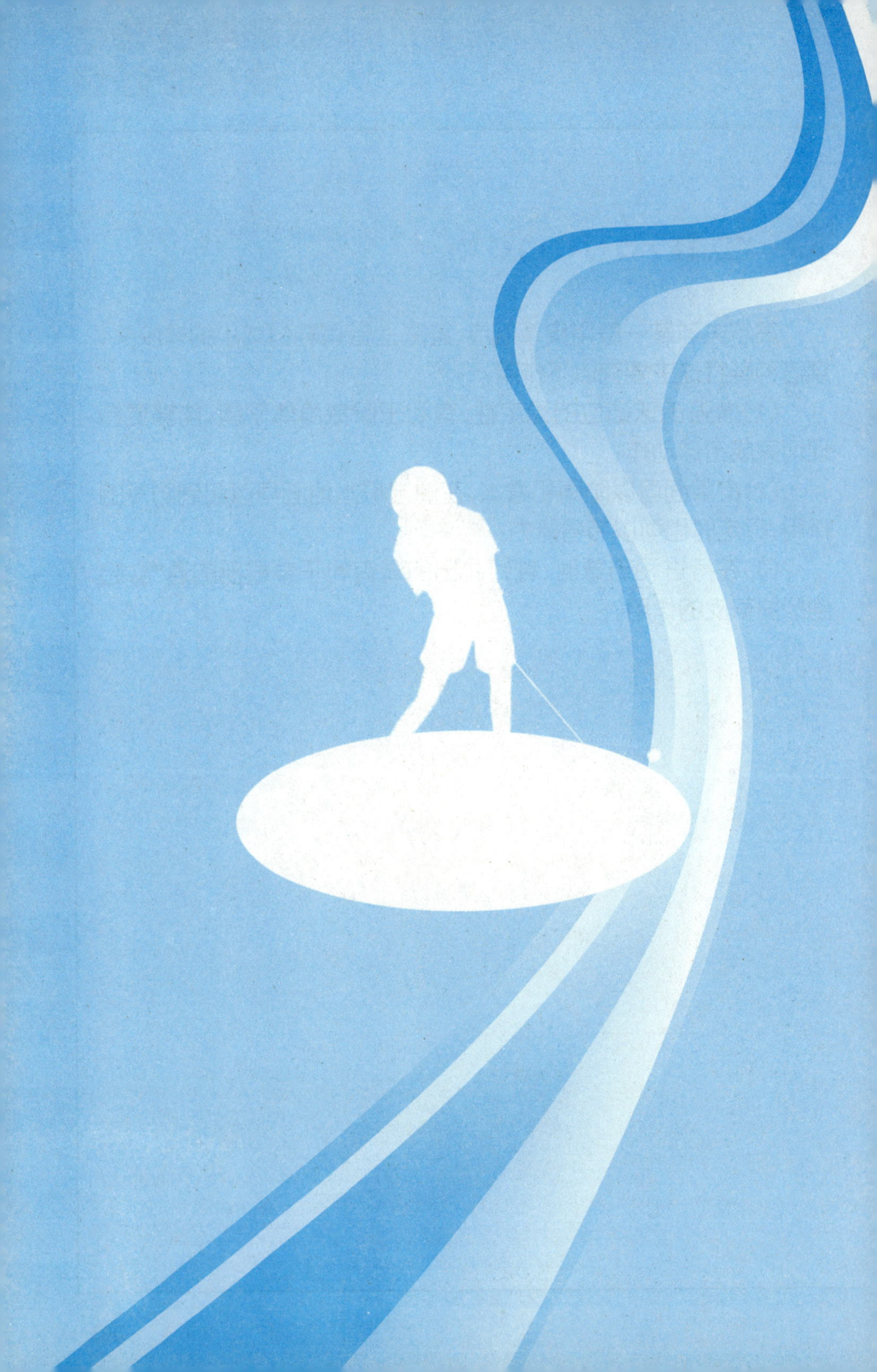

第九章 高尔夫球基本技术

　　高尔夫球的基本技术由握杆、准备击球姿势、瞄球、挥杆击球等几部分组成。一名优秀的高尔夫球手必须掌握正确、实用、全面的击球技术。击球技术的好坏，最终体现在球手对击球力量、球速、球的飞行弧线和球的落点的控制上。无论哪一种击球技术，都要有正确的技术动作。

第一节 握杆

握杆是指双手握住球杆的位置和方法，它是高尔夫球运动最基本的动作。握杆方法的正确与否，是球手能否掌握合理、准确、全面的基本技术的关键。

一、左手握杆

左手握杆的动作方法是：

（1）左手自然下垂，手指指向地面，然后很自然地以左手握住球杆；

（2）球杆放在左手掌对角线上，食指第一指节的位置略低于拇指的指尖，缩拇指可使后面的两指牢固握杆；

（3）左手正确握杆之后，左手背应正对目标，拇指和食指所合成的直线指向右眼或右耳，由上往下看时只能看到前两个指节；

（4）左手握好球杆后，将球杆举到胸前，体会一下手指的用力。

二、右手握杆

左手按正确位置和方法握好球杆后，再用右手按握手姿势去握杆。右手握杆方法大体可分为重叠式、连锁式和十指式。

（一）重叠式

重叠式的动作方法（见图9-1-1）是：

（1）先将右手置于杆身右侧，右手指顺着握把向下伸出，右手小指扣住左手食指的指节；

（2）右手食指应呈扣扳机状扣住球杆，并与中指明显分开，中指、无名指握住球杆；

（3）右手拇指应位于握把左侧的中央，以便和食指相互平衡。

图9-1-1

（二）连锁式

连锁式握法主要用于手掌较小或力量较差的女球手，其特点是两手连锁在一起，容易产生一体感。这种握法有利于发挥右手力量，但掌握不好会使左手食指翘起，反而破坏双手的整体感。连锁式的动作方法（见图9-1-2）是：

握杆时,右手小指插入左手食指和中指之间,与左手食指勾锁在一起。

图 9-1-2

(三)十指式

十指式握法多为力量差者、高龄者及女性使用,动作方法(见图 9-1-3)是:

左右两手分开,用食指握住球杆,右手的小指与左手的食指相贴。

图 9-1-3

第二节 准备击球姿势

选择好适合自己的握杆方法后,要以松弛、自然的姿势站立,将杆头轻轻着地。球杆接触地面时即为准备击球,而在障碍区内,球手做好站位时即为准备击球。准备击球姿势包括脚位、球位和身体姿势3个方面。

一、脚位

脚位有正脚位、开脚位和闭脚位3种(见图9-2-1)。

(一)正脚位

正脚位是指两脚尖连线与准备击球路线平行的站法。

(二)开脚位

开脚位是指左脚略向后撤的站法。

(三)闭脚位

闭脚位是指右脚略向后撤的站法。

正脚位　　　　开脚位　　　　闭脚位

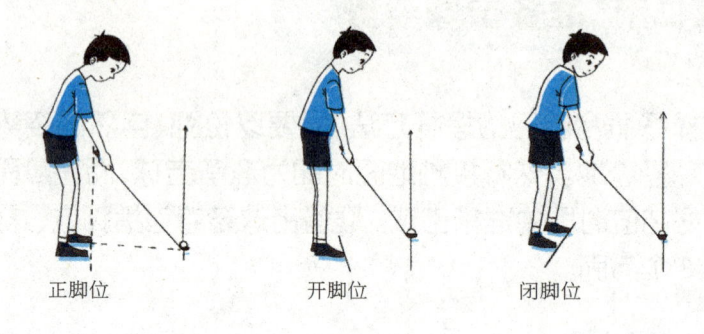

图 9-2-1

二、球位

(一)球与身体的前后距离

面对球,左肩对准击打方向。握好球杆,双臂自然下垂,上臂贴近胸部,杆头自然贴近球。

(二)球与两脚的距离

两脚间的距离一般以不超过两肩宽为原则。初学者应使用5号铁杆练习,将球置于两脚正前方中间,这样较易掌握击球点(见图9-2-2)。

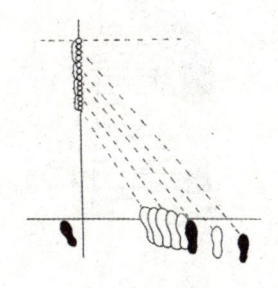

图 9-2-2

三、身体姿势

正确的身体姿势(见图 9-2-3)是:
(1)握好球杆后,双手自然前伸,球杆底部轻轻着地,两脚分开约同肩宽,身体重心落在两脚上;
(2)身体从髋部前倾,背部挺直;
(3)头自然略向下俯视,以恰好看到杆头为准;
(4)双腿膝关节略弯曲,略屈髋,身体左侧朝目标方向。

图 9-2-3

第三节 瞄球

瞄球的方向极为重要,动作方法是:
(1)脚趾、膝盖、臀部、肩部和双眼都要与目标线平行;
(2)右肩和臀部尤其要与目标线平行,这样才能正确地做出上杆动作。

第四节 挥杆击球

高尔夫球挥杆击球的基本原理是:球杆的长短决定挥杆轨迹的长短,球飞行轨迹的高低以球杆杆头角度而定。高尔夫球击球动作可分解为引杆、下挥杆、击球、顺势摆动和结束动作(见图9-4-1)。

图 9-4-1

(一)引杆

引杆是指将杆头从击球准备状态向球的后上方摆动的动作,可分解为后引和上挥两个阶段。

1. 后引

后引的动作方法是:

(1)杆面瞄准球的后方,使左臂与球杆成为一个整体,不要屈腕、屈肘,保持两臂与肩构成三角形;

(2)顺着球的方向向正后方引杆 30 厘米左右,自然后引时头和肩都不要动。

2. 上挥

从挥杆动作的整体来看,后引和上挥之间没有任何停顿,后引是上挥的开始,上挥是后引的延续。上挥的动作方法是:

(1)上挥时,继续保持肩与两臂构成的三角形,左肩向右转动,以杆头带动两臂;

(2)左臂伸直,右臂的上臂基本保持固定,右腋夹住;

(3)头颈部与脊柱保持一体,双眼注视球,左肩最终旋转至下颌的下方;

(4)上挥动作结束时,左手的手腕保持正直,向拇指方向弯曲,球杆的杆身基本与地面平行;

(5)腰部处于正常的安定状态,左右两膝的高度基本相同,重心移至右脚内侧。

(二)下挥杆

引杆的启动顺序为杆头、臂、腰、膝,而下挥杆时恰好相反,即从脚开始启动,带动膝、腰、肩、臂、杆,动作方法是:

(1)下挥杆时,左膝固定,左腿用力支撑,构成一堵能耐受强力冲击的"墙壁";

(2)腰部向击球准备时的状态扭转;

(3)左肩在下肢和腰部的作用下,自然向左转动,带动左臂向下拉引球杆,这时杆头仍然留在后面。

(三)击球

击球瞬间的动作实际上是下挥杆动作的一部分,动作方法是:

(1)在两臂转动到与球的飞行基本平行的瞬间,左手拉引球杆至腰部的高度;

(2)两臂继续向击球准备时的状态做还原运动,杆头以极快的速度开始下落;

(3)在两臂到达击球准备姿势位置时,球杆的杆头以最快的速度和最大的冲击力到达挥杆轨迹的最低点——球的位置,飞快地从球的位置正直扫过,将球击出。

(四)顺势摆动

顺势摆动是挥杆击球之后,球杆杆头继续向击球方向挥动的动作过程,这是触球动作的惯性延续,动作方法是:

(1)触球后球杆顺势挥动,身体重心逐步过渡到完全由左腿支撑;

(2)右脚跟提起,右膝向左膝靠拢,在右腿的推动下,腰部继续向左转动;

(3)身体继续绕身体纵轴转动,在杆头的带动下,右臂逐渐伸直,右肩逐渐对准击出球的方向,头部始终保持不动,两眼注视击球前球的位置;

(4)随着身体的转动逐渐抬头,左肩向后移动,右肩始终在下颌下方转动;

(5)右脚后跟离地,朝目标转动,以非常平衡的动作结束击球。

(五)结束动作

结束动作是正确、流畅而有节奏的挥杆的自然结果,动作幅度的大小因人而异。结束动作的完美才能保证整个击球动作的正确。整个挥杆轨迹要形成一个精确的圆周。

第五节 切高球

切高球技术是基本击球技术之一，同时也是使球超越障碍区的高难技术。

一、握杆

切高球技术的握杆方法是：
（1）将球杆的握把斜放在左手上，紧贴食指第一个指节和小指下方，用中指、无名指和小指握住球杆，大拇指轻轻放在球杆中间略靠右的位置；
（2）右手指握杆，大拇指放在球杆中央靠左的位置，虎口包住左手的大拇指，右手的小指横跨在左手食指和中指中间的间隙上；
（3）注意使右掌心与杆头方向一致，便于控制球打出的弧线和方向；
（4）若要减少球的滚动距离，可使右掌心朝下。

二、站姿

正确的站姿是：
（1）采用开脚位站立，身体扭转，与目标成10°～20°角；
（2）上体应前倾，背部不可太挺直，两膝自然弯曲。

三、瞄球

运用切高球技术时,球位一般在两脚间偏右的位置。瞄准时,手的位置在球的前方。

四、挥杆击球

挥杆击球的动作方法(见图9-5-1)是:

(1)上杆时身体重心在右脚,挥杆时重心移至左脚;

(2)主要靠肩、臂的转动来击球,手与手腕的动作减少到最低的限度;

(3)身体要站稳,挥杆的幅度不必很大;

(4)下杆击球动作要轻松,右臂和右手有"甩"的动作。

图 9-5-1

第六节 切低球

当球被草托高,或者距洞较近时,最好选择切低球技术,包括切短低球技术和切远滚球技术。

一、切短低球

运用好切短低球技术,直接击球进洞的几率就会大大提高。

(一)选杆

一般选用短铁杆或中铁杆。

(二)握杆及准备击球姿势

握杆及准备击球姿势是:
(1)采用反叠式握杆法(推杆握法);
(2)手肘内缩,贴近身体两侧,手腕伸直,略向上凸出;
(3)杆身立直,杆头趾部触地,跟部略上提,球的位置偏于杆头趾部;
(4)站位要靠近球,双眼注视球的正上方。

(三)站姿

正确的站姿是：
(1) 站位要靠近球；
(2) 球位在双脚中间偏右；
(3) 手、肘内缩，贴近身体两侧。

(四)挥杆

切低短球时，除了主要以肩部的摆动来进行挥杆外，手部动作应略多些，动作方法(见图 9-6-1)是：
(1) 手腕在上杆时可以弯曲，但仍要顺着目标线后举、前送；
(2) 下杆时手腕保持固定角度，不要向前弯曲；
(3) 击球时保持伸直的手腕可以限制挥杆弧度。

图 9-6-1

二、切远滚球

当球距离果岭较远（10~70米），而且地势较为平坦时，采用切远滚球技术。

(一)选杆

根据距离选用3~7号铁杆，这样可以较容易地将球打上果岭。

(二)握杆和站姿

握杆和站姿的动作方法是：
(1)采用重叠式握杆，握杆短一些；
(2)开脚位站立，两脚分开较窄；
(3)身体重心偏向左脚，双眼注视球的正上方，双手握杆位置在球的前方。

(三)挥杆击球

挥杆击球的动作方法（见图9-6-2）是：

（1）手腕上挥时略弯曲，保持肩与两臂的三角形状态；

（2）击球时以肩部的摆动来带动手臂及球杆，双腿可以配合肩部的摆动略移动，动作节奏要平稳，头部始终保持固定。

图 9-6-2

第七节 沙坑球

沙坑是球场上的障碍区，不同球场的沙质不同，甚至同一球场不同沙坑的沙质也不同，而高尔夫球随时有掉进沙坑的可能，这就要求高尔夫球手一定要掌握好打沙坑球的技术。

一、选杆

打沙坑球时一般选用沙坑杆、劈起杆或 9 号铁杆。

二、握杆

两手在握杆时向逆时针方向调整,即把杆面打开,两手紧握。

三、站姿

正确的站姿是:
(1)采用开脚站立,两脚位置与目标约成 30°角;
(2)瞄球之前要左右扭动身体,使脚底埋进沙里,保持身体平衡;
(3)球的位置要在两脚中心靠左,身体重心偏向左脚。

四、瞄球

瞄球的动作方法是:
(1)瞄球点为球后 2 厘米左右处的沙子;
(2)双脚、双膝、臀部和肩部朝向目标的左方,这样的姿势有助于垂直度大的上杆和下杆击球。

五、挥杆击球

挥杆击球时,根据球与旗杆的距离决定上杆的幅度,动作方法(见图 9-7-1)是:

(1)下杆时以左臂为前导,用杆头击球杆后 1 厘米左右处的沙子;

(2)顺势将球击出,球击出后继续向前送杆,不要急于翻腕收杆。

图 9-7-1

第八节 特殊击球技巧

在打高尔夫球的过程中会遇到很多特殊情况，需要运用特殊的击球技巧来处理。下面介绍几种特殊情况下的特殊击球技巧。

一、打长草球

球掉进长草区时，准备击球的球杆不能接触到草，击球的难度较大，动作方法是：

(1) 两脚开立，球的位置要偏于右脚，杆面向外张开；
(2) 上杆时要直接把球杆提起；
(3) 下杆时杆面从球的底下挖过去。

二、面朝上坡方向击球

面朝上坡方向击球的动作方法（见图 9-8-1）是：

(1) 手握在握把的下沿，身体重心放在左前脚；
(2) 人离球远一些，球的位置要在中间靠右的地方；
(3) 挥杆时下杆要重一些，瞄准目标的右侧。

图 9-8-1

三、面朝下坡方向击球

面朝下坡方向击球的动作方法(见图 9-8-2)是：
(1)站得靠球近一些，身体重心放在左脚的脚跟上；
(2)深弯腰，手握在杆柄末端，瞄准目标左侧；
(3)挥杆时要轻一些。

117

图 9-8-2

四、打上坡球

向上坡的方向击球时,球的弹道较高,可以选用倾角小的球杆。打上坡球的动作方法(见图 9-8-3)是:
(1)球的位置在中央靠前的地方,身体重心放在右脚上;
(2)挥杆时,身体和肩部尽量顺着坡势击球。

图 9-8-3

五、打下坡球

向下坡的方向击球时,坡角抵消了一些杆面的倾角,可以选用倾角大的球杆,如"P"杆或"S"杆。打下坡球的动作方法(见图9-8-4)是:

(1)球的位置要在中央靠右脚的地方,身体重心在左脚,身体和肩部尽量保持与坡度平行;

(2)挥杆时重心仍然保持在左脚,顺着坡势击球。

图 9-8-4

六、打硬地球

打硬地球的动作方法(见图 9-8-5)是:
球的位置要在两脚中间略后的地方,要求杆头先打到球再接触地面。

图 9-8-5

第九节 推杆

在标准杆 72 杆中,推杆的杆数占一半,推杆技术的好坏直接影响比赛成绩。

一、握杆

推杆技术的握杆方法有很多,球手应以自然、用得上力、能将球击入洞中作为握杆原则,并根据自己的特点,选择合适的握杆方法。

二、站姿

推杆技术的站姿是:

(1)站位时两脚基本保持与推击线平行,两脚宽度以能够保持身体平衡且又感舒适为宜;

(2)两脚站好后,两手握杆,两膝略弯曲,上体前倾,背部形成弓形,头位于球的上方;

(3)球的位置应该在左脚正前方与推击线的交叉点上,位于左眼正下方,两眼连线与推击线平行;

(4)两肩放松,两肘弯曲,贴近两侧肋部。

三、推杆手法

推杆击球的手法有两种，即拨击式和叩击式。

（一）拨击式

拨击式推杆包括瞄球、上杆、下杆和送球 4 个步骤。

1. 瞄球

球位在两脚之间偏向左脚，左肩在球的正上方。将推杆放在球的后面，与推击线成直角。

2. 上杆

上杆幅度要小，左手臂锁定弯曲角度。上杆轨迹应略带弧线。

3. 下杆

左手引导下杆动作，右手在后辅助向前推杆。击球时要尽可能击中"甜蜜点"（即球杆杆头上用于击球的最佳点），应除去所有的腕部动作，以加强对击球的控制。

4. 送球

送杆时，头部保持原状不动，在整个推杆过程中，手与肩始终保持着倒悬的三角形状态。

（二）叩击式

叩击式推杆主要是用手腕驱动球杆将球敲击出去，这种方法较为独特，不易掌握，较少采用。

第十章 高尔夫球基础战术

　　高尔夫球战术是指,在高尔夫球比赛中,为表现出高超的竞技水平、挑战自我并战胜对手而采取的合理有效的计谋和行动。本章主要介绍高尔夫球的战术思想和战术原则。

第一节 战术思想

战术思想是制订战术具体行动方案所依据的准则。比赛中,技术、运动素质和心理素质都是在战术思想的指导下体现出来的,所以把握战术思想极为重要。高尔夫球运动的战术思想主要体现在"以我为主"和"以准为主"两方面。

一、"以我为主"

"以我为主"是指,球手排除干扰,不受对方影响,积极施展自己特长的技术和打法。球手要结合自己的特长,形成自己的打球风格,而不要被带入对手的战术和节奏之中。

二、"以准为主"

"以准为主"是指战术实施准确、技术发挥准确和击球落点准确等。

第二节 战术原则

高尔夫球比赛对球手的技术水平、心理素质和战术修养都有很高的要求,这需要球手在把握战术原则的前提下,静心观察比赛局势,充分发挥自己的技术水平。

一、依靠技术

战术是以技术为基础的,技术水平越高,就越能出色地完成战术要求。只有技术全面,战术才能多样化,战术的变化和发展又可以促进技术的不断革新和提高。所以在比赛中,必须在充分发挥自己的技术特长的前提下运用战术。

二、战术方案合理有效

比赛的战术方案,必须结合自己的特点、比赛条件,以及对手的技战术特点,做出合理有效的设计。

三、战术目的明确

战术运用必须做到有的放矢、焦点集中、总收全局。比赛中除了落点要准外,在力量、球杆上亦应合理运用、灵活多变,围绕战术目的发挥技术优势。

四、打好开局

(一)选择最佳球位

一场高尔夫球比赛中,有 18 杆要在发球台发球,因此选择最佳球位打好第一杆是至关重要的。在规定发球区域内,发球位置的选择要根据自己的技术情况和当时的风向、风力等多方面因素来决定。

(二)保证第一杆准确

一场高尔夫球比赛要打 18 个洞,第一洞成绩的好坏对全场比赛成绩影响很大。所以,要特别重视第一杆球,把球打到自己瞄准的目标点。

第十一章 高尔夫球比赛规则

高尔夫球比赛在世界范围内广受关注和欢迎,其特有的程序和规则使这项运动更具观赏性。对于初学者来说,了解高尔夫球的比赛规则是很有必要的。

第一节 程序

高尔夫球是一项户外绅士运动,具有突出的休闲娱乐价值,其比赛程序也比较独特。

一、比赛形式

(一)比洞赛

比洞赛是以每洞决定胜负的,以较少的杆数打完一洞的一方为该洞的胜者。在有差点的比洞赛中,净杆数少的一方为一洞的胜者。

(二)比杆赛

国际大赛和全国比赛均采用比杆赛的形式,以最少的杆数打完规定一轮或数轮的参赛者为胜方。比杆赛要求球手每一洞必须击球入洞。如果有任何一洞未击球入洞,就要被取消比赛资格。

二、比赛方法

高尔夫球比赛一般分组进行，每组 2~4 人。在友谊赛中一般没有裁判员，每名球手在记分卡上记录本人和同组其他球手每洞的杆数。一轮比赛完成后，统计总杆数，决定胜负。

第二节 裁判

高尔夫球比赛要依照规则进行，从发球区开始经一次击球或连续击球后，将球打入洞内。除按照规则行动外，球手及其球童不得有任何影响球的位置或球的运动的行为。

一、发球区

以下举例说明发球区的裁判方法。

（一）打球前，球手向比赛同伴询问或被告知所使用球杆

1. 判罚

+2 杆。

2. 说明

球手就如何使用球杆问题寻求指导时，只能向自己的球童询问。向比赛同伴寻求指导，接受或给予指导都属于违反规则。给予

指导者也要被加罚2杆。但如果向共用的球童询问比赛同伴使用的球杆情况,则不受处罚。

(二)在发球区,因树枝影响挥杆动作而将其折断

1. 判罚

+2杆。

2. 说明

尽管在发球区允许平整不平坦的地面,但折断树枝的行为不被认可。

(三)在发球区外架球后,打了第一杆

1. 判罚

+2杆。

2. 说明

规则规定从发球区域内发球打了第一杆后,球才成为使用中球。因此,要从发球区内重新发球并以"第三杆"开始计算,在发球区外打的杆数不计算在内。

(四)在发球区外打了球后,没有在发球区内重新发球,并打完了该洞

1. 判罚

+2杆或取消比赛资格。

2. 说明

在没有及时在发球区内重新发球而打完该洞的情况下,若该洞为最后一洞,球手离开果岭即被取消比赛资格。不是最后一洞

时，一旦球手在下一洞发球区发了球，就会被取消比赛资格。

(五)在选定了所用球杆后，将剩余球杆放置于地面，作为击球方向的标记，并打了球

1. 判罚

+2 杆。

2. 说明

该行为违反有关"指示打球线"的规定，除球杆外，毛巾、球杆头套等物品的放置也同样需要注意。若在打球前将标记等去除，则不受罚。

(六)球飞向树林后面的水池附近，未能寻找到球，便认为球进入水池，在入水切点处抛球后继续比赛

1. 判罚

+2 杆或取消比赛资格。

2. 说明

在没有球进入水池的合理证据时，该球成为遗失球，如果不顾及这一点而用其他球抛球后继续打球，就构成从错误地点打球行为，通常加罚 2 杆。如果是严重违反规则行为，则必须返回原位打暂定球（加罚 2 杆，遗失球的另外附加罚 1 杆）。如果没有打暂定球而打完该洞，当该洞为最后一洞时，离开果岭，即被取消比赛资格。不是最后一洞时，在下一洞发球区发了球则被取消资格。

(七)球包中的球杆超过 14 支，而在第一洞发球区发球

1. 判罚

+2 杆或 +4 杆，或取消比赛资格。

2.说明

规则规定比赛球杆不得超过 14 支。若违反此规定,一轮比赛中 1 洞加罚 2 杆,3 洞以上最高可加罚 4 杆。球手一旦发现球杆数超过规定数量,就必须发布超量球杆不使用"宣言"。此后一轮中如再使用该球杆,即被取消比赛资格。

(八)球手不慎误用了其他球手的球杆

1.判罚

+2 杆。

2.说明

球手使用的球杆仅限定于本轮出发时选定的球杆,即使是误用,同样要被处罚。

(九)打完一洞后从果岭行进至下一洞发球区的途中,进行打球练习

1.判罚

+2 杆。

2.说明

在洞与洞之间,除在发球区附近可以练习挥杆和近距离轻打外,不允许进行其他练习,有些高尔夫球场禁止该行为。

二、球道区

以下举例说明球道区的裁判方法。

(一)后组球手将球打了过来,球手因出于愤怒将球打去

1. 判罚

+2 杆。

2. 说明

该行为不属于打练习球或打错球,因此按公正的原则,一般要对此给予加罚 2 杆的处罚。

(二)打了暂定球后,找到了原来的球,但因初始球的位置很难确定而将其放弃,以暂定球继续比赛

1. 判罚

+2 杆或取消比赛资格。

2. 说明

此行为属于打错球。在找到原来的球的同时,暂定球结束其作用,必须以初始球继续比赛。如果没有用初始球继续比赛,则要被取消比赛资格。

(三)第 2 杆击球出界

1. 判罚

+1 杆。

2. 说明

球手应在尽量靠近打该球的地方抛球,以 4 杆补打。

(四)不慎错打了其他球手的球

1. 判罚

+2 杆或取消比赛资格。

2. 说明

球手重新打自己的球,打球的杆数不予计算。如果以错球打完一洞,又在下一洞发球区发了球并在最后一洞离开果岭,则被取消比赛资格。自己的球被他人错打,可以将球重新放回原来的位置继续打球而不受罚。如果球原来的位置难以确定,应在尽量靠近原来的位置,但不能在靠近球洞的位置抛球。

(五)做空挥杆时,不小心用杆头触到球而使球移动

1. 判罚

+1 杆。

2. 说明

使用中的球不得移动,要将球重新放回原位置继续打球。如果不重放回原位置而打球,则合计加罚 2 杆。

(六)做好击球准备后球移动

1. 判罚

+1 杆。

2. 说明

击球准备被视为球移动的原因时,加罚 1 杆后从球的停止位置打球。如果移动的球进入界外区(或水障碍),则必须按出界(或

水障碍)的规则处置。

(七)球手去除球附近的枯枝时,球被移动

1. 判罚

+1 杆。

2. 说明

去除球杆范围以内的散置障碍物后球移动,要加罚1杆,应将球重新放回原来的位置后打球。

(八)球被自己的球童误踢

1. 判罚

+1 杆。

2. 说明

自己的球童要与本人同等对待,因此,必须将球重新放回原来位置。

(九)球停在树下无法打

1. 判罚

+1 杆。

2. 说明

宣布为不能打之球,可以接受补救。

(十)球停在球道上的陡斜面上,由于采用下砸式击球方法将球砸入地面而无法再打下一杆

1. 判罚

+1杆。

2. 说明

只能在当时状态下打球或宣布为不能打之球。规则中虽然允许因球速快而使球陷入地面时,可以不受处罚地接受补救,但该事例中球未在空中飞行,因此不能采取补救。

(十一)抛球区的地面不平整,用脚踩踏平整后抛球

1. 判罚

+2杆。

2. 说明

此举动构成了改善球的位置状态的行为,同样,去除抛球区域的沙砾或泥土也是如此。这些物体仅限在果岭上成为散置障碍物。

(十二)按规则抛球,但两次抛球后球都更靠近球洞或滚出两杆以上的距离,于是再一次抛球并打球

1. 判罚

+2杆。

2. 说明

两次抛球后球均未停止在规定的区域,必须将球放在第二次抛球时球最初落地的位置。如第三次抛球,球拿起后,放回正确位置则不受罚。

（十三）打出的球因自己或碰到球童的携带品而改变方向或停止

1. 判罚

+2 杆。

2. 说明

该事例的携带品不属于局外者，球因此而改变方向或停止时应加罚 2 杆，从球的停止位置打球。但是球停在携带品中或上面时，要在尽量靠近该处但不得更靠近球洞的位置抛球。

（十四）球手空挥杆练习时，球杆碰到树枝而使其折断

1. 判罚

+2 杆。

2. 说明

在正式打球挥杆过程中将树枝折断时，不受处罚。但空挥练习时折断树枝，则成为故意改善挥杆区域的行为，应加罚 2 杆。

（十五）确认停在树上的球是自己的，但无法打

1. 判罚

+1 杆。

2. 说明

宣布为不能打之球后，可选择以下 3 种处理方法中的一种：

（1）回到原来位置，以其他球抛球后补打（若是在发球区，允许架球）；

（2）在树上的球的正下方位置两球杆范围内，但不得在更靠近球洞的位置抛球后补打；

（3）在球的正下方位置与球洞连线上，抛球后补打。

（十六）用其他球替换在打球中损坏的球

1. 判罚

不受处罚。

2. 说明

在该洞打球中球损坏，要先告诉记分员或比赛同伴自己的意图并给其以调查该球的机会，被认可后可以替换而不受罚。擅自将球拾起时，罚1杆；擅自替换时，罚2杆。在该洞以外的球洞被损坏的球，不允许替换。

（十七）不能确认是否是自己的球

1. 判罚

不受处罚。

2. 说明

可以在将意图告诉记分员或比赛同伴（并给其以拿起球和重新放置球的机会）的条件下将球拿起。如果球沾有泥污，可以将其擦拭至能够识别的程度。在此场合擅自将球拿起，加罚1杆，拿起球未做标记，要再加罚1杆。

二、障碍区

以下举例说明障碍区的裁判方法。

(一)球被埋在沙坑内的沙中,因无法确定是否是自己的球而将球拿起

1. 判罚

+1 杆。

2. 说明

以能看到球的一部分为限度,球手可以把球上的沙除去,但不得将球拿起。

(二)球手去除沙坑内的树枝时球被移动

1. 判罚

+3 杆。

2. 说明

因触动沙坑内的散置障碍物,应加罚 2 杆;又移动了球,应再加罚 1 杆。必须重新将该球放回原位。

(三)准备击球或做上挥杆动作过程中,杆头触到沙面

1. 判罚

+2 杆。

2.说明

在沙坑和水障碍中，打球之前球杆接触地面或水面为违反规则行为，但在打球前不慎跌倒，即使手或球杆触到沙面或水面，依照公正原则，也不会被处罚。

（四）在沙坑内打球，因球未出沙坑而气愤，以球杆砸击沙坑内的地面

1.判罚

+2 杆。

2.说明

用杆头砸击地面被视为测试行为。

（五）球手在沙坑内站位时移动了球

1.判罚

+1 杆。

2.说明

在障碍区内站位被视为做击球准备，此时球移动要受到处罚。必须从球停止的地方继续打球。

（六）在将要打下一洞时，因前组球手尚未发球，而在场上做了沙坑击球练习

1.判罚

+2 杆。

2.说明

在两洞之间禁止进行障碍内的练习，在练习场的沙坑内进行

练习也被禁止。

(七)球陷入水障碍内的地面中,因无法识别是否是自己的球而将其拿起

1. 判罚

+1 杆。

2. 说明

球手未被允许打球,没有必须要看到球的规定,而且在障碍区内打错球也不受罚,因而没有必要确认是否是自己的球,且不允许为识别球而将球拿起。

(八)打球前将水障碍内的落叶去除

1. 判罚

+2 杆。

2. 说明

除了为确认球的所在位置以外,不得触及或移动障碍内的散置障碍物。

(九)球进入水障碍内无法打

1. 判罚

+1 杆。

2. 说明

从球无法打时开始给予处罚,可选择以下两种方法中的任意一种:

(1)返回原位置抛球继续打(在发球区可以架球);

(2)在球最后越过障碍界线处与球洞连线的后方抛球继续打。

(十)球进入侧面水障碍无法打

1. 判罚

+1 杆。

2. 说明

可以选择以下三种处理方法中的一种:

(1)在球最后越过水障碍界线处抛球继续打;

(2)返回原位置抛球继续打(发球区可以架球);

(3)在球最后越过水障碍界线处与球洞连线后方抛球继续打(无距离限制)。

(十一)在高草区内打球,进入顺势摆动动作时,球杆碰到球

1. 判罚

+1 杆。

2. 说明

此情形被视为两次击球。在一次击球中,球杆两次打到球时,加罚1杆。如果该次打球为第2杆时,则下一杆为第4杆。

(十二)从高草区打出的球碰到自己的身体

1. 判罚

+2 杆。

2.说明

从球的停止位置继续打球。球碰到自己球童及携带品时也采用相同方法处置。

(十三)在认为球所在的地方没有找到球,于是在认为球遗失的地方抛球继续打

1.判罚

+2 杆或取消比赛资格。

2.说明

遗失球加罚 1 杆后,必须在尽量接近最后打球处打球,如果违反该规则加罚 2 杆(遗失球的处罚另外附加)。因为这是重大违反规则行为,如不纠正则取消比赛资格。

(十四)在树林中做击球准备时,因背后的树枝妨碍挥杆而用脚踩住树枝击球

1.判罚

+2 杆。

2.说明

此行为构成有意改善挥杆区域的行为。球手没有被赋予在任何场合都可以要求采取正常站位和正常挥杆的权利。

(十五)出界后,标志桩妨碍打球时,将标志桩拔掉

1.判罚

+2 杆。

143

2.说明

规则规定,界外标志桩为固定物,不得移动,球手只能在当时的状况下打球或采取不能打球的处置。

(十六)球陷入高草区的柔软地面内,拿起并抛球

1.判罚

+1 杆。

2.说明

在短草区域,可以拿起陷入地面的球而不受处罚,但仅限于在球道上。在该事例中,必须加罚 1 杆后重新放置球。

四、果岭

以下举例说明果岭的裁判方法。

(一)在果岭上,球手未做标记将球拿起

1.判罚

+1 杆。

2.说明

在拿起必须要重新放回原位的球时应做标记。

(二)在果岭上打的球碰到停在果岭上比赛同伴的球

1.判罚

+2 杆。

2.说明

在果岭上打的球与从果岭外打的球不同，打球的一方受处罚后应在球的停止位置打球，被碰到的球要重新放回原来位置。

(三)在果岭上推击球后,球似乎有进洞的可能,自己的球童急忙跑到洞旁将旗杆拿起

1.判罚

+2杆。

2.说明

球手推击球前球童未照管旗杆，在球的运动过程中不应照管和拔除旗杆。但拔旗的人若是比赛同伴或其球童时,则该比赛同伴被加罚2杆,打球的球手不受处罚。

(四)比赛同伴的球正在果岭上滚动,球手将自己的球做标记后拿起

1.判罚

+2杆。

2.说明

在果岭上打出的球正在运动过程中，其他球手不得碰触和击打自己的球。

(五)比赛同伴推击的球有碰到放在果岭上旗杆的可能,为此将旗杆拿起

1.判罚

+2杆。

2. 说明

比赛同伴的球正在运动过程中，为此将打球线上的障碍物去除，要被加罚2杆，但比赛同伴不受处罚。

(六)球碰到照管旗杆球童的脚后进洞

1. 判罚

+2杆。

2. 说明

球碰到照管旗杆球童或其携带品时，该球童的球手要受罚。该场合由于要在球停止处打下一杆，所以进洞球被认可。

(七)因比赛同伴宣布下一杆可以免除，而将球拿起

1. 判罚

+1杆或取消比赛资格。

2. 说明

在比杆赛中必须履行击球入洞的原则，对不做标记而将球拿起的行为加罚1杆后，应将球重新放回原位置继续打球。球手不履行击球进洞原则，在下一洞发球区、最后一洞离开果岭发球，将被取消比赛资格。

(八)因推击线上有落叶而用帽子或毛巾将其扫除

1. 判罚

+2杆。

2. 说明

虽然规则允许使用手或球杆去除散置障碍物，但未允许使用帽子和毛巾。

(九)球手修整推击线上钉鞋造成的痕迹

1. 判罚

+2 杆。

2. 说明

在打球前不得修整推击线上钉鞋造成的划痕，应在离开果岭时进行修整。

(十)位于果岭上的球与球洞之间的地面上有临时积水，球手的球童将其去除

1. 判罚

+2 杆。

2. 说明

该行为对球的运动产生影响，成为处罚对象。该情况下，可以接受对临时积水的补救，而不受处罚。

(十一)将做标记后拿起的球交给球童擦拭，将球抛出后，球从果岭表面滚向自己的球童

1. 判罚

+2 杆。

2. 说明

有测试果岭表面的意图。在同一果岭上使球滚动，并将其交给

球童,被视为有测试果岭表面的行为。

(十二)球停在球洞附近,比赛同伴认为自己的球可能对他人打球有援助,而宣称要将球拿起,但某球手认为该状态对自己有利,而在比赛同伴拿起球之前打了球,并且碰到了比赛同伴的球

1. 判罚
取消比赛资格。
2. 说明
拒绝服从规则要被取消比赛资格。

(十三)要求球停在果岭附近的比赛同伴不做标记,并将球保持现状,自己从果岭外打球

1. 判罚
取消双方比赛资格。
2. 说明
要求比赛同伴不将球拿起,被认为是该球手判断比赛同伴的球有援助自己打球的可能;而这样,将被视为是双方协商无视规则的行为。因此双方都将被取消比赛资格。

(十四)为了擦球而将球投给球童,球童没有接住而使球落入水池中无法取回,无奈以其他球打完该洞

1. 判罚
取消比赛资格或 +2 杆。

2.说明

构成以错球打完一洞的行为,取消比赛资格。但是如果比赛委员会认可则属例外情况,可以减轻至加罚2杆。

(十五)误将自己的球放在比赛同伴所做标记处打球

1.判罚
+2杆。
2.说明
在错误的地方打球,应加罚2杆,在球停止的位置继续打球。

(十六)推击球之前,在自己的推击线上行走

1.判罚
不受处罚或+2杆。
2.说明
由于不留意而误踩了自己的推击线,因没有构成改善推击路线的行为而不受罚。但在推击线上行走,以测试果岭表面,改善推击线等为目的者,要被加罚2杆。

(十七)球童站在推击线的延长线上,球手打球

1.判罚
不受处罚或+2杆。
2.说明
打球时如果让自己的球童站在推击线的延长线上或其附近,

则构成了违反规则行为。但球童偶然站在上述位置,则不受处罚。

(十八)推击球后,球悬在洞边处静止,等待了片刻

1. 判罚

不受处罚或 +2 杆。

2. 说明

允许球迟缓地滚向洞旁,可等待 10 秒钟,但过长花费时间或等待 10 秒钟以上则要被加罚 2 杆。另外,用杆头敲击球后方的地面,也要被加罚 2 杆。

(十九)球进入洞后发现该球是错球

1. 判罚

+2 杆或取消比赛资格。

2. 说明

返回打错球的地方,找到自己的球,以该球打球,打错球的杆数不计。如果打错球的地点是在打第 2 杆处时,下一杆为第 4 杆。在自己的球找不到时,必须采取遗失球的处置。未履行对打错球校正的责任,在下一洞发球区打球,最后一洞离开果岭,即取消比赛资格。

(二十)在提交给竞赛委员会的记分卡中,某洞的分数少于实际的杆数

1. 判罚

取消比赛资格。

2.说明

球手必须对各洞所记录的分数负责,提交比实际成绩少的杆数要被取消比赛资格。但提交的分数多于实际杆数时,该杆分数将被采用,不取消比赛资格。

(二十一)提交的记分卡没有记分员或球手本人的署名

1.判罚

取消比赛资格。

2.说明

在记分卡上,必须有记分员的署名和球手自己的署名,缺任何一方的署名该记分卡将被视为无效。